前湾集

静元轩文稿

静 元 ◎ 编著

图书在版编目(CIP)数据

前湾集 / 静元编著. —— 南京：东南大学出版社，2023.8

（静元轩文稿）

ISBN 978-7-5766-0844-1

Ⅰ.①前… Ⅱ.①静… Ⅲ.①区域经济发展-宁波-文集 Ⅳ.①F127.553-53

中国国家版本馆 CIP 数据核字(2023)第 152543 号

责任编辑：魏晓平　责任校对：李成思　封面设计：毕　真　责任印制：周荣虎

前湾集——静元轩文稿
Qianwan Ji—Jingyuanxuan Wengao

编　　著	静　元
出版发行	东南大学出版社
社　　址	南京市四牌楼 2 号（邮编：210096）
出 版 人	白云飞
经　　销	全国各地新华书店
印　　刷	广东虎彩云印刷有限公司
开　　本	635 mm×960 mm　1/16
印　　张	10.5
字　　数	118 千字
版　　次	2023 年 8 月第 1 版
印　　次	2023 年 8 月第 1 次印刷
书　　号	978-7-5766-0844-1
定　　价	49.00 元

本社图书若有印装质量问题，请直接与营销部联系，电话：025-83791830。

序

2017年6月,中共浙江省第十四次党代会做出加快发展湾区经济的重大决策。两年后,浙江省政府及宁波市委、市政府决定在慈余北部建立省级产业大平台——前湾新区。这一重大事件的发生,标志着发展湾区经济大战略的实施正式拉开序幕,宁波及慈溪由此开始步入新的发展阶段。

前湾新区由宁波杭州湾经济技术开发区、中意(宁波)生态园、慈溪高新技术产业开发区、慈溪环杭州湾创新经济区和慈溪商品市场物流园区等产业平台组合而成,规划控制面积为604平方公里,用地规模迄今为止居全省首位。

前湾新区主体部分的前身是成立于2010年的宁波杭州湾新区,而后者的前身则是成立于2001年11月的慈溪经济开发区。前湾新区成立时,慈溪高新技术产业开发区、慈溪环杭州湾创新经济区和慈溪商品市场物流园区以及庵东、崇寿等镇,划归前湾新区统一管理。前后相加,慈溪辖区内划入前湾新区的土地面积达497.4平方公里,占前湾新区总面积的82.4%,占慈溪市域总面积的36.5%。

前湾新区的设立,有利于宁波更好地利用各种湾区资源加快发展步伐,有利于慈余地区更好地融入长三角一体化进程,有利于更好地推动慈溪城市格局和产业格局的优化升级。这对当地人民群众而言，自然是一种巨大的福音。鉴于此，设立前湾新区的决策一经形成，便在慈溪社会各界引起了热烈响应。慈溪老干部们对此很有敏感性，待方案出台后，纷纷在各种场合建言发声、献计献策，既坚决拥护上级决策，又竭力维护当地人民的切身利益。宁波大学经校地两方有识之士推动，第一时间建立了我国首个湾区研究院——宁波湾区经济研究院，作为地方人士代表，慈溪越窑秘色瓷文化促进会会长徐尔元先生有幸被院方聘为特约研究员。出于责任和义务，他有意识地对新区建设规划、管理体制以及与周边地区关系的处理等方面，给予了关注和思考。在这一过程中，结合消化吸收慈溪老干部们的宝贵意见，以如何科学建设前湾新区为主题，他将自己的想法倾注于笔端，先后撰写了十来篇相关文章，从而形成了又一个文稿专集，因内容主要涉及前湾新区，故名之为《前湾集》。

前湾新区建设将贯穿今后宁波及慈溪较长的历史时期，其间必定会遇上新的机遇和挑战，因此，它是一个漫长的大课题。《前湾集》对湾区经济的观察和思考，旨在抛砖引玉，唤起高层次专家学者对前湾新区的关注，以求多出一些重量级的研究成果，为新区建设提供更有力的理论支撑，并把我国湾区经济研究学术水平不断推向新境界。

慈溪越窑秘色瓷文化促进会
2023 年 3 月

目录 CONTENTS

卷 一

002　宁波发展湾区经济大有可为

018　借"湾"转型　趁势而上　全方位优化提升宁波城市格局

038　新背景下宁波应重启慈余组团发展

卷 二

048　前湾新区应抓紧朝五个方向转型

053　对《宁波市前湾新区空间规划》的修正意见

059　建设前湾新区应妥善化解市与区的利益矛盾

065　前湾新区管理体制可供选择的三种模式

077　构建前湾新区管理体制应把握的九个要点

卷 三

083　慈溪要争做发展湾区经济的排头兵

092　打造一座产业城　再建一个新慈溪

| 119 | 慈溪现阶段发展应予以重点关注的几个关键问题
| 128 | 努力构建高水准的现代公共文化服务体系

| 151 | 附件

| 160 | 后记

卷一

> 宁波是国内拥有最丰富海湾资源的副省级城市，在新的发展背景下，应有更高的追求和更大的作为。

宁波发展湾区经济大有可为

自从中央及省委做出加快发展湾区经济的战略决策后,"湾区经济"已成为当下的热门词汇和各地关注的焦点。刚才多位专家围绕论坛主题,发表了许多高见,提供了大量信息,我听了之后颇受启发和鼓舞。我是慈溪本地人,对湾区经济相关知识知之甚少,因此发言无学术性可言,只是凭着对当地情况的粗浅了解和主观感受,谈几点不成熟的想法。

一、我对湾区经济概念的粗浅理解

对于什么是湾区经济,学术界尚无统一定论。有人将发生在海湾地区的经济现象称为湾区经济;也有人认为湾区是指围绕沿海口岸分布的海港和城镇组合而成的区域,发生在这一区域的经济现象即为湾区经济;还有人认为湾区经济是城市都市圈与海湾独特地理形态相结合聚变的产物。我以为这样的表述不太贴切,这些表述都只是对事物现象的描

2017年6月,宁波大学宁波湾区经济研究院组织湾区经济论坛,本文根据笔者的发言录音整理和改写而成,内容有增删。成文时间为2022年10月。

述,而没有揭示出本质。正确的表述应该是:**湾区经济是指凭借海湾区域的特有资源优势发展起来的形态特殊的区域经济。相比于内陆地区,大多数湾区具有下述优势:地势平坦,空间开阔,水系发达,交通便捷,资源丰富,人杰地灵,尤其因濒临海洋而非常有利于与国际经济接轨,经济发展有更广阔的伸展空间和回旋余地。**正是依靠这些优势,海湾地区经济社会发展呈现出明显不同于内陆地区的格局和面目。在世界各地正式命名的海湾中,海域面积排在前五位的海湾依次是孟加拉湾、墨西哥湾、几内亚湾、阿拉斯加湾和哈得孙湾,它们被称为世界五大湾区,其海域面积均在100万平方公里以上。

湾区经济自古有之,早在几千年前,生活在海湾区域的人们就近利用海岸、海涂、海洋、海岛等资源,从事捕捞、养殖、种植、晒盐、海运、交易等产业,这些在本质上都属于湾区经济。这类湾区经济具有原始性和传统型的特征。随着人类生产力水平的不断提升,湾区经济的历史形态在与时俱进,不断转型。改革开放40多年来,我国湾区经济形态已经或正在发生5个转变:**一是由自行发展转向自觉发展。**换言之,同样发展湾区经济,但行为主体的认知起点已改变,前者是被动的和盲目的,只是出于生存和发展的需要,对原始海湾资源的简单利用,因此资源利用效益非常低下,区域独特优势得不到最佳发挥。以慈溪为例,40多年前杭州湾区域有几十万亩海涂资源,除主要用于晒盐和养殖以及少量用于种植的海涂资源外,大量的海涂资源长期处于荒芜状态。随着开放型经济的不断发展,特别是最近几年,人们对湾区经济的认识有了很大提升,开始觉悟到海涂资源具有巨大潜力和重大价值,于是它的地位直线上升。国家及省级政府都把发展湾区经济确立为重大发展战略,各地发展湾区经济的热情也空前高涨。浙江省政府在最短的时间内,沿杭州湾周边布局了 4 个国家级产业平台。相关县市也积极行动,试图在湾区经济发展上捷足先登,抢占有利时机。**二是由独立发展转向协同发展**。在传统型湾区经济发展中,相互封闭,各自为战,缺乏统筹规划和协调,致使同属一个湾区的各大产业板块的产业结构雷同。如杭州湾南北两岸的各县市,在产业发展上往往相互借鉴和模仿,化工、纺织、家电等产业遍地开花,其结果必然是造成同质化、低端化的无序竞争,导致湾区各类资源的使用效益低下。汲取以往的教训,今后同一湾区内各大板块在产业功能布局上将有条件实行分工,通过政府杠杆和协调机制,鼓励各地走特色发展、差异发展的道路,从而形成优势互补、良性循环和联动发展的格局。**三是由封闭发展转向开放发展**。原始性和传统型湾区经济由于受交通条件、航海技术和经济体制等方面的制约,只能在封闭状态下进行,就近小打小闹儿地"内循环",很少与外界有联系,根本无法与海外产生直接联系。现代湾区经济的最大特点是开放,这也是湾区最大的优势所在。随着经济全球一体化进程的不断推进,作为各国与世界各地经济交流合作的"桥梁""纽带"和"门户",湾区的地位和作用将更趋重要。有关资料显示,2021 年,我国进出口贸易总额达 39.1 万亿元,其中大部分是通过海运渠道得以实现的。**四是由低端发展转向高端发展**。产业品质化是当下整个国民经济发展的大趋势,各大湾区理应有望成为品质经济的先行区。杭州湾地区近10年中有许多高品质、现代化的产业项目正在源源不断地向沿海各大产业平台集聚,产业格局已经并将继续发生根本性改变。在产业品质提升的同时,湾区内的各大城市品质也在日益优化。**五是由单纯发展转向配套发展。**自1990年代开始,沿海各地为拓展经济的发展空间,纷纷向湾区海涂地进军,开辟产业园。刚开始,这类园区的发展普遍遇到了一个瓶颈,即为园区配套的各类基础设施尤其是交通设施严重缺乏。慈溪建立的规划面积达200多平方公里的杭州湾新区,刚开始几乎是一座处于封闭状态的"孤岛",开发难度非常大,招商和招工困难重重。通过十几年的努力,这种状况才有所改观,特别是2008年杭州湾跨海大桥贯通后,新区一下子由原来的封闭型"孤岛"变为长三角城市群的重要枢纽,原来的困难局面也由此得以缓解。可以预见,在今后10年中,湾区配套设施建设必将掀起前所未有的高潮,仅杭州湾两岸用于完善交通网络的总投资估计就要超过5 000亿元。

从以上分析可以看出,**新时代的湾区经济具有四大特征,即海洋性、开放性、集聚性和宜居性。**这4个特征也可以解读为湾区经济发展的4个必备条件:没有海洋就不会有海湾和湾区,自然也不可能有湾区经济;没有开放,不与国内外产生广泛的经济联系,湾区资源即使再充分,也只能处于闲置状态;没有集聚,各类生产要素处于相互分离状态,那么经济就无法发展起来;如果不宜居,发展经济的主体尤其是人才就会匮乏。世界上海湾众多,凡有海的地方一般就有海湾,但并不是所有海湾地区都适合发展湾区经济,因为它受到地理、气候、港口、航道、腹地、货源以及造船、海运技术等条件的制约,若有一项或几项不符合要求,湾区经济就很难发展起来;只有天时、地利、人和一应俱全,湾区才能繁荣兴旺。纵观世界各地的湾区,经济最活跃、人员最密集、地位最重要且知名度最高的湾区并不是前文提到的5大湾区,而是另外五个湾区,即纽约湾区、旧金山湾区、东京湾区、粤港澳湾区和杭州湾区。这五大湾区基本拥有上面所列的各类条件,因此可以"近水楼台先得月",在经济社会发展中捷足先登,发展成为世界上最引人瞩目的经济发达地区。

二、杭州湾必将成为"天下第一湾"

宁波地处杭州湾南岸,宁波的前途和命运与杭州湾密切相关,因此,将湾区经济作为大战略实施,首先必须对杭州湾区的发展前景有一个明晰的判断。

在如前所述的目前世界上经济最活跃、最著名的五大湾区中,根据现状和趋势分析,我的初步判断是:发展潜力最大、增长趋势最好、经济总量最大且在国家全局发展中战略地位最高的是杭州湾经济区。这个判断可能会有争议,但我从理性出发,一直坚持这一观点。

其一,杭州湾区战略地位特别重要。杭州湾与长三角城市群之间的逻辑关系是:钱塘江和钱塘江大潮的双向互动成就了杭州湾,杭州湾成就了两个世界级港口,两大港口成就了长三角城市群的辉煌;据此可以断言,没有杭州湾,就不可能有上海和长三角的今天。这当中,举世闻名的钱塘江大潮发挥了至关重要的作用,因为钱塘江大潮促使了杭州湾的形成,使杭州湾两岸有了大片的冲积平原,尤其是在杭州湾钱塘江口的形成了两个世界级的深水良港——货物吞吐量居全球第一的宁波舟山港和集装箱运载量居世界第一的上海港的洋山深水港区。这种独特的先天优势,是世界上其他任何湾区都无法具备的。据说当年鸦片战争时,英国殖民者为攻占中国市场,向清政府提出要建立租界,最初看中的不是香港,而是位于杭州湾钱塘江出口处的舟山群岛,其目的是想通过杭州湾和长江口攻入我国腹地,幸亏当时也有清醒的当政者,他们的要求被拒绝了,阴谋就此破产。由此可见杭州湾的战略地位是何其重要。

其二,杭州湾区经济腹地特别广阔。杭州湾要成为天下第一湾,仅有深水良港是远远不够的,同时还必须有相应的经济腹地作为支撑,两者要实现有机统一,否则就有可能造成港口资源因闲置而浪费。相比于世界上其他湾区,杭州湾在这方面的优势特别明显。**从地图上可以看出,杭州湾区以两大港口为中心,东西向由长江、钱塘江相连接,南北向由东部沿海和大运河相贯通,除此之外,还有诸多水系和港口渗透其中,从而形成了一个连接全国、连通世界的水运网络。**除水运外,在整个杭州湾和长三角地区,通向两大港口的铁路和公路布局也最为密集,由此一个集聚和辐射范围无与伦比的交通运输网络逐步形成,且仍在不断优化。通过这个庞大而畅通的运输网络,我国大部分地区的经济活动可与世界上的大多数国家和地区紧紧地联系在一起。宁波舟山港是全球首个年货物吞吐量突破10亿吨的大港,2021年货物吞吐量更是达到了12.24亿吨,且连续13年保持全球第一,拥有国内国际航线287条。上海(洋山)港是世界上最大的标准集装箱运输码头,2021年进出港口的货物超过2 200万标箱。这两大港口的经营规模均可傲视全球,为杭州湾成为世界第一湾奠定了坚实的基础,世界上其他4个著名湾区只能相形见绌。目前东京湾区的经济总量暂列四大湾区首位,2021年实现地区生产总值1.8万亿美元;旧金山湾区的经济腹地主要是总面积约为3 800平方公里的硅谷,经济总量确实不小,号称世界"第八大经济体",但其腹地面积小;纽约湾区的经济腹地涵盖了美国中东部地区,体量虽大,但连接港口的交通主要是铁路和公路,水运体系不如杭州湾区,因此运营效率相对较低,且成本相对较高;至于我国的粤港澳湾区,偏于我国南方,受地理位置的局限,其经济腹地自然无法与杭州湾区相比。

其三,杭州湾区地理位置特别优越。杭州湾地处我国活力最足、增势最强、潜力最大的长三角地区,其中的龙头上海,已成为我国的经济中心,长江三角洲城市群已成为世界六大城市群之一。长三角地区三省一市的土地面积只有35.8万平方公里,仅占全国陆地总面积的3.7%,2021年常住人口只占全国总人口的16.7%,2021年创造地区生产总值达27.6万亿元,占全国国内生产总值的24.1%,人均地区生产总值远高于国内其他省市。杭州湾区处于这样的独特区位,其战略地位必将不断提升。从这一角度研判,长三角地区、上海市与杭州湾的关系是相辅相成的,可以预见,在不久的将来,长三角地区将取代纽约湾区成为世界上最大的经济中心。从杭州湾所处的地理位置考量,杭州湾区与长三角地区应该是同一概念,将杭州湾经济区理解为只是杭州湾两岸的经济区域,那是狭隘的。在市场经济条件下,任何经济活动都是可以超区域的,凡是与湾区资源直接相关的区块,都应该列入湾区的范畴。**据此推论,杭州湾经济区与长三角地区应是同一概念。**这里可以纽约湾区为例加以说明。"纽约"的概念有三层含义:首先是城市概念,特指皇后区、曼哈顿等城区;其次是区划概念,即指纽约州,它是美国 50 个联邦州成员之一;最后是经济概念,纽约湾经济区突破了行政区划,与湾区直接或间接相关的区域(包括纽约州、康涅狄格州和新泽西州等),都属于纽约湾经济区的范围。以此为参照,我认为可以把长三角城市群与杭州湾区看成是同一区域,两者只是表达角度不同。**从城市群角度应以"长三角"命名;从经济区角度可以"杭州湾"命名**,将这一区域中的长江、黄浦江和钱塘江等流域都涵盖其中。以杭州湾命名长三角经济区,对浙江而言顺理成章,但周边其他省市可能会有异议。其实,在名号上搞地区相争大可不必。**杭州湾并不专属于浙江,首先它是一块世界级的地理文化品牌,是有代表性的世界地理文化遗产,不但属于上海和浙江,同时也属于整个长三角地区,因为这一地区的经济发展与杭州湾均有着非常密切的联系;其次,鉴于杭州湾的特殊战略价值和它在国际上的知名度,以杭州湾命名这一特定经济区域是非常合适的。**如果有关各方秉持这种开放包容的精神,能达成共识,那么参照纽约湾区的做法,地区生产总值统计口径应由小变大。以大口径统计,杭州湾区的地区生产总值 2021 年就已超过了东京湾区。

三、宁波在发展湾区经济上应采取的对策

在我看来,我国各大城市中发展湾区经济先天条件最好的城市是宁波。宁波同时拥有杭州湾、三门湾、象山港湾3个湾区;宁波拥有世界罕见的深水良港;同时,通过前40年的努力,宁波与舟山已合力建成了全球年货物吞吐量最大的宁波舟山港,与港口相配套的交通等设施也在不断完备中。据此判断,当发展湾区经济上升为省级和国家战略后,宁波的发展前景将会更加广阔。

在历史机遇来临之际,宁波应有大动作、新动作,抓紧采取相应的对策举措:

其一,要争取将杭州湾区建设上升为国家战略。加快发展以杭州湾为重点的湾区经济,这是浙江省委做出的战略决策,但这只是一个省级层面的战略,而且只有浙江一个省付诸行动,湾区内其他省市则尚无相关动作,目前我国纳入国家级战略层面的湾区还只有粤港澳湾区。其实,就战略重要性而言,杭州湾区并不亚于前者。有人认为长三角一体化发展就是国家战略,因此无须将推动杭州湾区发展再单独列为国家战略。我不赞同这种观点。长三角一体化发展战略主要是从城市群建设角度提出的,而杭州湾经济区则主要是从经济发展的角度提出的,两者虽有联系,但又相对独立,各自的发展规律和内涵都不同,两者的覆盖面也不尽相同,长江三角洲城市群只包含三省一市的26个地级以上城市,而杭州湾经济区则覆盖三省一市全区域,因此,如果将两者混为一谈,胡子眉毛一把抓,其结果必定是顾此失彼,严重弱化湾

区的经济发展。放眼全球经济，利用湾区资源加快经济发展已成为一种趋势，美国在东西海岸布局了两大世界级的湾区经济圈，即纽约湾区和旧金山湾区，与之相对应，我国应从南到北布局四大湾区——**粤港澳湾区、北部湾区、杭州湾区和渤海湾区，以此形成东部带西部、沿海带内地、先富带后富的发展格局**。基于此，作为我国最有发展前途的长三角地区，**既要以长江三角洲城市群的方式，更要以杭州湾区的名义，参与世界范围的竞争**。这应该成为国家层面的大战略，一旦上升为国家战略，其国际影响力将大大提升，湾区内三省一市的合作意识和协调机制将大大加强，单凭浙江省在发展湾区经济上孤军作战、势单力薄的局面可望从根本上得以改变，届时，国家有关部门的支持力度自然也会明显增大。

要将杭州湾经济区建设上升为国家战略，宁波需要在"向上争取"上下足功夫。具体途径有四：**一是**发动全国人大代表、政协委员在全国两会期间，积极撰写议案、提案，并力争在大会上做口头发言，以求引起党和国家领导人以及国家有关部门的关注。**二是**请浙江省主要领导出面，或者请上海市召集，邀请长三角地区省市领导共同协商探讨，达成联合发展共识。一旦共识形成，可由三省一市联合出面，向中央和国务院提交专项报告，以求得到重视、支持和认可。**三是**由三省一市联合邀请国家有关部门负责同志来杭州湾区做专题视察，借部门之力，向中央建言献策。**四是**发动专家学者撰写有关湾区建设的论文，借专家之力大造舆论，争取社会各界的关心和支持。

其二，要致力于拓展和优化宁波城市格局。新一轮的宁波城市总体规划已经公布,相较于前几轮的总体规划,又有很大进步,尤其是推动杭州湾区建设被列入其中,现代化国际港口城市建设被提到了更加重要的位置,城市发展空间布局更趋合理,建成现代化滨海大都市正式被列为核心目标,我看了以后很受鼓舞。

对于宁波而言,城市发展与湾区经济发展是一种相辅相成、相互促进的关系。拥有世界一流的湾区资源,是宁波相对于杭州、南京和苏州等城市的最大优势。凭借这一优势,宁波完全有条件在经济发展上与这些城市一比高下。但在城市发展上,无论是规模、品质还是影响力,宁波与上述城市相比存在很大差距,同上海相比更是一个配角。这也决定了宁波目前的城市格局对湾区经济的支撑还不够有力。为此,在宁波城市发展定位上尚需做深化研究,当前重点是要突破城市能级上限和提升人口规模。在我国城市序列中,按城区常住人口衡量,宁波在 2020 年第七次全国人口普查中刚刚跨入 I 型大城市的序列,在 15 个新一线城市中几乎处于最末位次。在新的历史条件下,区域竞争的焦点已转向城市化发展水平的竞争,城市规模、品质和品牌效益等已成为城市国际影响力和竞争力的核心要素。故宁波必须致力于做大城市规模、提升城市能级,毫不犹豫地走特大城市及超大城市的发展道路,因为宁波有条件做到这一点。当然,单靠人口自然增长是不可能的,靠外地引入虽是一个重要途径,但耗时会较长,最佳途径是调整行政区划,走全域城市化的道路,尽快将慈溪、余姚和象山、宁海全部实行撤市(县)建区,这样城区人口规模可以快速突破 500 万人,使宁波跨入特大城市行列。如有可能,宁波还要争取与舟山合并,加上引入大量外来人员,一二十年后,就有可能步入超大城市行列。当然,从长远看,提升城市能级主要还得通过加快发展各种优质产业和提升城市品质,吸引更多的外地人才和劳力向宁波集聚。

其三,要充分发掘更多的湾区资源。一则,以西方发达经济体为参照,我国经济还有巨大的增长潜力,长三角地区更是如此。再则,经济全球一体化的进程仍将继续,我国经济与国际上的交流、互通、合作空间仍会持续增大。内外条件的日益变化,决定了杭州湾区将承担更多的历史使命,为此,当务之急是要充分发掘更多的湾区资源,具体可从三个方面入手:一是**要努力拓展港口资源**。宁波舟山港区和杭州湾、三门湾、象山港等临岸海域,仍有大量的深水区间可用作港口建设,要在全面勘察和排摸的基础上,提出总体开发规划,根据需要和可能性逐步付诸实施,使宁波舟山港的运载能力不断提升。同时,要努力提升港口品质,全面推进智慧港建设,推动港口综合能力跨入世界顶级港口的行列。**二是要努力拓展空间资源**。空间资源严重不足,是沿海地区发展普遍存在的制约因素。宁波杭州湾海域拥有大量的沉积海涂,可开发面积估计不少于100万亩(约667平方公里),仅慈溪至少就有40万亩(约267平方公里)。这些海涂都由自然淤涨而成且无法逆转,若不加以开发利用会非常可惜,建议浙江省和宁波市、舟山及其他有关县(市、区)都要"跑部前进",充分陈述围垦开发既成海涂资源的必要性和有利性,以求上级部门的批准。一旦获准,要尽快布局各类高品质的临港型产业项目,使之成为宁波最大的经济增长点。**三是要努力拓展腹地资源**。湾区经济效益的大小,很大程度上取决于港口的服务半径,半径越长、线路越多、腹地越广,湾区和港口发展效益就越好。这需要港口主管部门多下功夫,主动出击,与内地各大经济板块和海外各地区建立广泛而紧密的合作关系,全方位组织货源,从而确保港口货物吞吐量每年都有增长,努力保持全球货物吞吐量第一的位置,为杭州湾成为世人所公认的"天下第一湾区"贡献更多的份额。

其四,**要大力发展与湾区相适应的新兴产业**。杭州湾正在加速向"天下第一湾"迈进。在这一伟大壮举的推进过程中,应将与湾区相适应的各类新兴产业的培植摆在重要位置上。就宁波而言,当务之急是要重点培植和拓展七大产业:**一是智造业**。制造业是宁波经济的"命根子",宁波作为浙江排位第一的制造业大市,拥有非常扎实的工业基础,下一步要由"制造"加速向"智造"转型,大力推进人工智能及其他高精尖技术在制造业中的广泛应用,下大力气培育一大批科技型小巨人企业,并选择汽车、材料、家电、化纤、健康等产业予以重点打造,力争使这些企业的产能跨入千亿、五千亿乃至万亿级行列。**二是金融业**。纵观世界,国际著名港口城市大多是国际金融中心,纽约、伦敦、新加坡、香港和上海等都是赫赫有名的世界金融高地。宁波作为年货物吞吐量雄踞世界首位的东方大港所在地之一,应将创立国际金融中心作为下一轮发展的重要目标。对此,要尽快组织可行性论证,并拿出具体实施方案,一旦目标实现,则宁波跨入世界准一线城市的"砝码"将会大大增加。**三是会展业**。会展业是永恒的朝阳产业,宁波应尽快布局有重大国内外影响的会展产业板块,展区总面积应不少于100公顷,建议将展区选址在前湾新区,因为这一板块地处沪杭甬三大都市圈的中心位置,土地资源比较充足,且交通设施配置也相当完备,"三市两港"几乎都位于半小时交通圈之内,因此非常适合举办各类会展活动,其综合效益会比较理想。**四是旅游业**。我国已跨入消费型社会,消费支出对经济增长的贡献率已达到60%以上,其中旅游、休闲和观光消费占比越来越大。可以预料,新冠肺炎疫情一旦退去,全球范围内将掀起前所未有的旅游热潮,且会持久不衰。宁波拥有丰富的旅游资源,但缺乏有广泛吸引力的品牌项目,只有2个AAAAA级景区,且各地各自为战,形不成合力,导致旅游产业一直成不了气候,对地区经济的贡献明显乏力。基于此,建议宁波市域内所有的AAA级以上景区实行统筹管理,利益共享,目的是增强规模效益,提升旅游产业的管理水平,产生品牌效益,提高对各地游客的吸引力。与此同时,**要积极营建新的旅游景区,尤其要举全市之力,将翠屏山脉打造成为宁波市域内体量最大、项目最多、特色鲜明的风景旅游区**。**五是娱乐业**。经济社会越发展,人们的娱乐需求越旺盛;一个城市宜玩宜乐,就会有吸引力。长沙市的大众娱乐业很有特色,成为很有影响力的旅游吸引物,吸引了大量游客到长沙旅游,拉动了当地经济。宁波的娱乐业尚未形成气候,近几年因受疫情影响,位于前湾新区的3个娱乐类主题公园的效益不甚理想。杭州湾新区原计划借鉴美国奥兰多的经验,建设**20多个游乐性主题公园**。这一宏伟的计划有必要在深化论证的基础上继续推进实施,一旦计划完成,凭借其独特的区位优势,杭州湾新区必将成为长三角地区的重要游乐中心,其对周边地区的带动效益可想而知。**六是培训业。**形势在发展,时代在变化,各种传统行业正在加速退出历史舞台,而大量与时代相适应的新兴职业正在不断涌现。因此,今后能从一而终的职业只能是少数,许多人必定在经过短期职业培训后走上新的工作岗位。鉴于此,建议宁波要尽早谋划建立一个面向长三角地区的综合性大型职业培训中心,可以与会展中心同步谋划实施,力求资源利用效益最大化。**七是养老业。**我国已逐渐步入人口老龄化和超老龄化的时代,养老需求将是今后几十年中最大的社会需求。为此,建议在谋划建设翠屏山风景旅游区过程中,将建立面向整个长三角地区的养老中心列为重要项目。这一工作做好了,不但可以收获经济效益,而且可以收获社会效益。

对以上各个产业门类,建议政府要组织专门力量进行统筹谋划和规划,着眼于更好地发挥湾区资源优势,在资源配置和政策措施等方面给予必要的支持和倾斜。

其五,要加快完备发展湾区经济的配套设施。杭州湾经济区是一个有机整体。目前湾区各大板块仍处于各自独立、相互游离的状态,下一步必须在一体化发展上动足脑筋、做足文章,为此,完备配套设施是当务之急:**一是完备交通设施。**实现湾区一体化发展,就要抓紧构建贯通和覆盖全湾区的交通网络,以此为纽带,将整个湾区紧紧拴在一起,形成同一区域的命运共同体。完备交通设施的重中之重是要打通跨杭州湾通道。目前南北贯通的交通设施只有杭州湾跨海大桥,这显然是远远不够的。杭州湾要成为"天下第一湾",长三角要实现全域一体化发展,杭州湾的南北两地一定要相互融合,为此应尽快建设一系列纵跨南北的海湾大通道。目前高铁贯通项目已开始实施,城际铁路项目已纳入规划,下一步是要考虑开辟几条湾底机动车通道和海上客运通道,以使南北两地交流畅通无阻。**二是完备通信设施**。智慧城市建设要实现全区域覆盖,且相互贯通,智能化、数字化管理要渗透各个领域。已经建立的长三角一体化运行协调机制要向大湾区建设延伸,高度重视现代化通信设施在统筹协调中的作用,并将推动湾区经济协调发展列为协调机构的首要职能。**三是完备教育设施**。宁波高等教育资源配置是一大短板,对宁波全局和长远发展已构成制约,因此要在科学论证的基础上,有计划地再布局一批高水准的高等院校,以此吸引更多的高层次专业人才落户宁波。如果一个城市的文化教育资源不充分,形不成比较优势,那么这个城市要跻身国际知名大都市是非常困难的,城市的影响力、集聚力和生命力也是有限的,在城市群中的地位也无法提升到应有层次。

借"湾"转型　趁势而上
全方位优化提升宁波城市格局

3年前,浙江省第十四次党代会确立了湾区发展战略,为宁波利用湾区资源实现转型发展提供了极佳机遇。国内外的实践充分表明,湾区资源越是丰富的地区,实现城市和经济迅速崛起的概率就越大,国内的上海、广州、香港和国外的东京、纽约、旧金山等,之所以能成为世界级著名大城市,一个共性的原因就在于这些城市很好地利用了当地的海湾和海港资源。在国内诸多城市中,宁波拥有极为丰富的湾区资源,主要有杭州湾、象山港和三门湾等。因此,如何借发展湾区经济大战略全面实施之东风,更好地利用得天独厚的湾区资源,加速优化提升宁波城市格局,进而实现宁波城市迅速崛起和脱颖而出,是当下需要深化研究的重大课题。

一、清醒认识宁波现有城市格局的严重缺陷

美国诺贝尔经济学奖得主约瑟夫·斯蒂格利茨曾断言:

此文根据笔者的观察思考及网络等对宁波市的评价有感而发。成文时间为2023年3月。

21世纪对世界影响最大的事情有两件,一件是新技术革命,一件是中国的城市化。

1990年代及21世纪初,宁波城市建设和城市发育曾独步一时,在浙江省内更是处于领先水平,"风头"一度盖过了省会城市杭州,浙江省第一个地级以上全国文明城市的荣誉也因此被宁波获得。在近十几年中,宁波城市建设仍有不少进步,尤其是三江六岸板块打造和东部新城建设等,使城市发展水平又上了一个档次。

尽管成就喜人,**但对标深圳、武汉、杭州、南京、青岛、西安、成都、合肥等城市,目前宁波的城市综合发展水平无优势可言,有些方面已处于相对劣势**。根据城市化的基本原理进行高标准、全方位剖析,宁波现有城市格局主要存在5个明显缺陷。**一是规模化不够**。目前宁波主城建成区面积只有388平方公里,不足杭州的50%。2018年宁波市区的常住人口规模还不足300万人,宁波尚未跨入Ⅰ型大城市行列,而武汉、杭州、南京、合肥等同类城市均已跨入特大城市行列,差距非常明显。除主城外,宁波市域其他城市组团几乎都是粗放型发展的中小城市,且远离主城,档次低、布局散、形象差。**二是核心区不旺**。宁波城市核心区原在海曙区中山路一带,现在已转移到东部新城,尽管富有现代气息,但人口总量和密度以及各类要素的集聚度和辐射力都远远不够,核心区的首位度不高,影响力不大,对周边地区的带动力和吸引力不强。慈溪、余姚一带的民众都喜欢去上海、杭州,较少去宁波,上海、杭州两市的高校毕业生也大多选择当地或外地城市就业而不太愿意落户宁波。列入宁波都市圈的台州、舟山及绍兴东部地区的人们,向宁波集聚的愿望也普遍不强烈,作为都市圈核心城市的宁波,目前还显得有些"孤独"。**三是凝合力不强**。目前的宁波市区由基本同质化的6个区级行政板块简单组合而成,尽管6个板块均已被纳入城市建设总体规划,但项目实施一直以区级政府为主,由此导致宁波市区功能配置和城区形象普遍存在同质化现象,而且除老三区外,其余各板块之间空间隔离比较大,整个市区布局显得有些松散而凌乱,各个板块之间难以产生联动、互动效应,无法产生1+1>2的"化学反应"。宁波城市定位的目标之一是建成国际化港口城市,但在实际操作中却是港城分离、各自为战,因此宁波市区中无论是功能配置还是城市风貌都很难找到世界著名港口城市的印记和痕迹,港与城是"两张皮"的存在,没有凝合到一块。**四是竞争力不足**。宁波经济在3~5年前曾一度增长乏力,近年依赖制造业的兴起又有所反弹,但从可持续发展角度分析,宁波在同类城市中的竞争力是令人担忧的:由于中心城区规模偏小,第三产业发展明显滞后,2018年宁波第三产业增加值占比仅为45.9%,比杭州、南京分别低18.0和15.1个百分点;宁波城市科教资源配置严重不足,截至目前,仅有14所高职和专科以上高校,高校总数不足苏州的三分之二,刚到杭州的三分之一,在全国所有城市中名列第35位,在校大学生不足20万人,在全国位列第32位。宁波年地区生产总值与青岛、无锡相近,但在软实力上与两者差距很大。例如,在人均专利上,无锡每万人有107件,青岛有85件,而宁波只有25件。在大学数量上,青岛有21所大学,其中211院校2所;无锡有13所大学,其中211

院校1所;宁波尽管也有14所大学,但211院校为空白。在三甲医院上,青岛有23家,宁波仅有9家。宁波民营经济发达,但非常缺乏规模型企业,在2019年营收额超百亿元的浙江百强民营企业中,杭州多达33家,绍兴也有16家,宁波只有15家,位居第三。同年,在估值超10亿美元的独角兽企业中,杭州有20家,而宁波仅有3家。在世界五百强企业中,杭州有8家之多,数量居全国内陆城市第4位,而宁波至今尚未实现零的突破。目前我国正在蓬勃发展的六大中高端新兴产业(集成电路、显示面板、自动数据处理系统、互联网技术、航天航空、生物医药),高度集中于4个一线城市和11个准一线城市,杭州、南京、苏州、合肥均名列其中,而宁波不在此列。**五是都市气息不浓**。宁波城市发展的终极目标定位是建成现代化滨海大都市,但时至今日,宁波还很难让人感受到都市气息。从网络民意调查可以看出,来过宁波的游客大多数对宁波城市印象不深,有的甚至不相信宁波是一座副省级城市。在宁波中心城区,引人注目的亮点区块和地标建筑少之又少,商贸设施配置不科学,遍地开花,虽然人均拥有商业广场面积已超过北京、上海、广州、深圳等一线城市,但购买力明显不足,这导致有不少综合商场已濒临关闭。中心城区地铁早已开通,但乘客远不及预期,只能通过免费乘车来吸引乘客。各类街区缺乏吸引力,即使像三江口等繁华地段,每天晚上八九点钟后便冷冷清清,少有人影出现,都市气息确实无从呈现。

从上述对宁波城市现有格局剖析中可以清楚地看出,**宁波在所有15个副省级城市中显得有些"另类",尤其是对标**

国内一流城市,显得偏小、偏散、偏低、偏冷、偏僻,起点不高、格局欠大,无论是外观、骨架,还是内核,都没有达到理想状态,在不断加剧的区域竞争中已蕴含着一些被动因素。

二、造成宁波城市格局缺陷的原因分析

导致宁波城市格局多种缺陷的原因比较复杂,据我间接观察分析,主要有下列几点:

其一,区域分割原因。自1949年以来,宁波行政区划做过多次调整,其中与舟山曾三度分合。在当时计划经济背景下,每次的合与分都出于特定需要考虑,这无可厚非;但在市场经济发展和城市之间竞争加剧的新形势下,对宁波和舟山两地而言,分则双损,合则两利。因为甬舟一旦合并,各类资源之丰富多样,体系之完备,在整个长三角地区几乎是独一无二的存在,即使放眼全国也极为罕见:甬舟两地既有山地和平原,又有海洋和海港,每一类资源都具有巨大潜能,若两地合二为一,可以实现各类资源的优势互补、联动互动,其综合竞争力必定在长三角城市群中名列前茅。然而目前甬舟两地行政版图尚处于分割状态,体系的完整性和有机性就此缺失,从全局和长远看,对两地发展非常不利。如宁波舟山港,原本应该归一家所有,但舟山独立后,就变为甬舟两地共有,结果在运行中相互竞争,矛盾百出,冲突不断。为协调两家利益矛盾,两家港口管理权收归浙江省港航管理局。港口划归后,港口建设由浙江省港航管理局负责,城市建设由两地政府负责,结果导致港城分离,建成现代化国际港口城市的总目标就此搁浅。

其二，**管理体制原因**。宁波在40多年前由宁波市和宁波地区两部分构成。原宁波市辖区只有现今的海曙区一带，其余均属农村地区，归宁波地区管理。1983年，宁波地区建制取消，与宁波市合而为一，并由宁波市统一管理。虽然管理体制做了调整，但城乡长期分治一直存在影响，成为各级政府和干部的一种思维定式。限于财力不足，宁波市一直把城市建设的重心投放在老市区，而城区内各区只能自力更生搞各自的城市建设，由此对建设格局形成了隐患。此外，宁波管理体制调整后，两个县级市（慈溪、余姚）由省委托宁波市代管，财政体制不同于城区中的各个区，上交宁波的财政比例比各区要少许多。这种体制必然导致城市建设中重市区、轻县市的现象发生，整个城市建设无法形成全市一盘棋的格局，宁波大市只有在编制城市总体规划和配置重大基础设施时，才会顾及各县市的诉求，大多数时候各县市在城市建设上只能各自为战，自行其是，结果导致市区与各县市的建设品质、风格参差不齐，进度不一，全域城市化的目标只能以低标准实现。

其三，**运行机制原因**。在城市规划环节，城市能级定位不清晰。在我的印象中，宁波前几轮修编的城市总体规划，对宁波城市发展目标只有性质定位而没有能级定位。由于能级目标不明确，在推动城市规模化发展上少有针对性举措，致使城市能级在15个副省级城市中几乎处于最低等次。在城市建设环节，宁波各有关部门都将财力、物力、精力集中投放于中心城区，对其他地区如何有机融入全市建设大局则关注不够，力度不足。在城市建设品质方面，作为大市，尚未建立覆盖全市的城市建设品质控制体系,任由各县市自行其是,其后果必定是多数城市板块的建设标准达不到理想状态。

其四,区位身份原因。在国内同类城市中,宁波的地理位置利弊共存。从对外贸易来看,宁波的地理位置是有利的,深水良港使宁波成为国内最大的枢纽港,以及与世界各国商品往来最重要的"门户"和"桥梁",对宁波成为最重要的出口生产基地、进口中转场地具有不可替代的作用;但是,从对内交通来看,在陆上交通尚不发达的情况下,因地理位置有些偏于一隅,宁波较难成为中心城市,若无特殊举措,对周边地区的各类要素难以产生虹吸效应。再从城市身份看,尽管宁波是计划单列的副省级城市,但一般而言,对区域要素的吸引力不如同为副省级的省会城市,因为省会城市大多是一个省的区域中心,集聚和辐射范围要比其他城市大得多。

其五,城市风格原因。宁波人以"善于经商且精明能干,注重实效而不喜张扬"闻名于世,在宁波工作、生活过或来过宁波的人,对宁波这座城市的普遍印象是"低调"。这种城市风格反映在城市建设中,自然也是重内在而轻外观,重实干而轻宣扬,这在潜移默化中也会影响到城市格局的形成。

三、优化城市格局是实现宁波崛起的根本之策

从以上分析可以看出,当前和未来对宁波可持续发展的最大障碍是城市格局与新形势不相适应。这是一个全局性和根本性的问题。从某种意义上讲,能否清醒认识并及时纠

正宁波城市格局中的缺陷,是关系到宁波前途和命运的重大战略性问题。

那么,优化提升城市格局对宁波意味着什么呢？**一是可以增强综合实力**。当下区域竞争的焦点已转向城市发展水平的竞争,一个城市的发展前景,很大程度上取决于是否拥有规模优势、品质优势和品牌优势等。优化提升城市格局的首要目的就在于培植和加速各种优势的形成,从而增强城市的竞争力,增强对各类优质资源的吸引力和承载力。这对宁波全局和长远发展是非常必要和有利的。**二是可以提升城市地位**。城市的地位越高,城市的影响力就越大,城市的知名度就越高,对各类资源的吸引力就越大。目前长三角城市群的4个副省级以上城市中,上海一家独大,是唯一的超大城市,杭州、南京为特大城市,唯有宁波刚刚由Ⅱ型大城市向Ⅰ型大城市跨越。这种状态与国际化港口城市或滨海大都市的城市目标定位很不相符,宁波在长三角城市群中的地位自然也可想而知。要从根本上改变这种状态,唯一的办法只能是优化和提升现有城市格局。**三是可以优化产业格局**。产业与城市相互依存,城市格局与产业格局密切相关。宁波产业以制造业见长,服务业发展在同类城市中明显滞后。一般而言,第三产业发展与城市规模成正比,2020年特大城市杭州第三产业占比已达68.1%,超大城市上海第三产业占比则已达73.1%,而宁波第三产业占比还只有51.4%。根据经济发展规律,先进发达地区最终必定是第三产业"唱主角",所以优化城市格局的重要考量是为了加快服务业发展,以尽快形成与滨海大都市相配套的产业格局。此外,城市格局在优化提升后,将非常有利于吸引高科技优质项目,这对于优化城市产业格局而言自然显得格外重要。**四是可以担负重大使命。**国务院批复的《宁波市城市规划(2006—2020)》,正式确定把宁波建设成为长江三角洲南翼经济中心。这一使命非常崇高且又艰巨,寄予了中央政府对宁波的信任和期望。宁波要完成这一使命,必须以优化城市格局为突破口,如果现有城市格局不做改变,我以为要完成这一光荣使命会非常困难。事实上,杭州、南京、苏州的经济总量大于宁波,合肥的发展态势也非常惊人,宁波若掉以轻心,"中心"的位置迟早要归别家所有。**五是可以实现城市目标。**新一轮宁波城市总体规划,确定宁波要成为现代化滨海大都市。这一目标非常鼓舞人心,也切合宁波实际,但前提是必须改变现有的城市格局,若能痛下决心,顶住压力,敢于向现有格局"开刀",让宁波城市在现有基础上脱胎换骨,凤凰涅槃,浴火重生,那么15年后,一个全新的宁波大都市就会屹立在东海之滨。

综上所述,当下宁波发展的主要症结在于现有城市格局不合理、不科学,已影响到全局发展的多个方面,因此宁波下一轮改革发展的主攻点要聚焦于全方位优化和提升城市格局,此为宁波实现再度辉煌的必由之路。

四、优化提升宁波城市格局的基本途径

优化城市格局,须破立并重,有破才有立,有立才有兴。

(一)树立优化提升城市格局的雄心壮志

全方位优化提升宁波城市格局,具有开创性、划时代的

意义,因此,需要全市各级各部门统一思想,同心协力,撸起袖子加油干。**要有紧迫感**。形势在不断变化,竞争在日益加剧,区域之间竞争的焦点已由以往的项目、企业、人才,转向城市化发展水平和城市综合实力的竞争。如果在城市发展水平上安于现状,盲目乐观,一旦被弯道超车,很难实现再度超越。**要有危机感**。作为宁波,切不可被近几年在经济发展上的"表象繁荣"所迷惑而掉以轻心。事实上,过去十几年中,宁波城市综合实力已被不少同类城市超越。2018年宁波常住人口比2005年增加164万人,常住人口增量分别比杭州、苏州、合肥少65万人、150万人和182万人;2005年宁波地区生产总值分别比杭州和苏州少493亿元和1 577亿元,而到了2018年,宁波地区生产总值与杭州和苏州的差距分别为2 764亿元和7 852亿元;2005年宁波财政收入只比杭州少54亿元,而2018年两地财政收入分别为2 665亿元和3 458亿元,差距扩大为802亿元。上述情况表明,宁波在一段时期中经济发展的速度和水平都处于相对滞缓和落后状态,尽管近两年又有所反弹,但这只是暂时现象,因为发展放缓、滞后的根本原因在于现有城市格局已与形势不相适应。可以说,如不调整和优化这种格局,宁波永远进不了一流城市的行列,建成滨海大都市的目标也只能是空中楼阁而已。杭州的综合实力在新一线城市中名列前茅,杭州城市发展之所以呈直线上升之势,究其根源在于对城市格局做了多轮调整,先由"西湖时代"走向"钱江时代",后又走向"拥江时代",每一次大的调整都为这个城市增添了巨大活力,这很值得宁波借鉴。广州、深圳和成都等城市,都已启动了大规模的城市更新工程,其中广州计划在2035年前完成城市更新改造约300平方公里。

任何一个城市的格局,都是在历史过程中逐步形成的,要从根本上改变它,会涉及各方利益调整,难度可想而知,因此必须有攻坚克难的意志和决心。**城市建设的主导权、决策权在于各级政府和领导,领导的胆魄和决心将决定这一伟大工程的成败。**宁波人民对此充满期待,盼望各级领导借实施湾区经济大战略之东风,在宁波大地上唱一出精妙绝伦、永不谢幕的"大戏",下一盘波澜壮阔、叱咤风云的"大棋",努力将宁波建设成为综合实力一流的现代化大都市。

(二)明确优化提升城市格局的努力方向

提升宁波城市格局总的方向是围绕建成现代化滨海大都市的总目标,努力将宁波城市做大、做强、做精、做优。为此,须从下列四个维度对宁波城市格局进行精准定位。

其一,在综合实力上要成为一流城市。"一流城市"的要求看上去有些笼统和抽象,但细究之后可以看出其大有深意,而且有很强的针对性,非常切合宁波实际。首先要找准"一流"的坐标。这个一流不是指省内一流,也不是全国地级市中的一流,而是在全国15个副省级城市中争当一流。显然,在这些同类城市中,综合实力超过宁波的已不在少数,深圳、成都、武汉、南京、杭州等城市已"走在前列"。因此,需要我们以先进城市为标杆,全方位找出差距,然后奋起直追,唯有如此,方有可能跨入一流城市行列。需要特别指出的是,这个"一流",不仅仅指经济发展上的一流,而是指全方位的一流，指的是一个城市的综合实力，包括经济、社会、文化、生态品质以及城市知名度和影响力等方方面面；这个"一流"也不仅仅是当下的一流，而是永远走在前列的"一流"。只有这些领域在任何时候都跻身同类城市的第一方阵，"一流"才名副其实。

其二，在能级定位上要成为特大城市。城市能级太低是宁波目前与同类城市相比最大的短板，也是宁波在长三角城市群中地位不高、竞争乏力的重要原因。对宁波而言，走上特大城市的发展道路是完全有可能的：一是宁波全市域常住人口已超过950万人，如下一步宁波下决心走全域城市化的道路，将四个县市果断地转型为市辖区，那么城区人口规模可大幅增加250万人以上，加上老市区的原有常住人口，建成区常住人口有望突破600万人，自然就达到了特大城市对人口指标的硬性要求。二是宁波拥有最丰富的湾区资源。在我国沿海地区同类城市中，宁波拥有最丰富的湾区资源：举世闻名的杭州湾区、货物吞吐量全球第一的深水良港、数量巨大的海涂资源、广阔无垠的海域面积、遍布市域的大小河流、四通八达的交通网络等，所有这些宝贵资源，必将在大战略推动下得以全面而充分地利用。宁波还是我国首批历史文化名城、首屈一指的"院士之乡"和"服装之乡"，尤其是赫赫有名的"宁波帮"遍布世界各地，此外，宁波还拥有省级经济管理权限的计划单列市和副省级城市的身份。三是宁波工业基础非常扎实，而且近年中增势强劲。2022年工业和信息化部公布的制造业单项冠军中，宁波有多达83家，居全国首位；同时，宁波全市专精特新"小巨人"企业数量在全国所有城市中排第四位。这种得天独厚的优势，可以有力地助推宁波跨入特大城市的行列。上述优势表明，宁波发展潜力巨大，前景非常看好，跨入特大城市行列是早晚的事，全体宁波人应该有这个自信。当然，不能一味地为大而大，而是必须同步实现大与强的有机统一，从而实现城市格局的改变。**基于上述理由，宁波应将城市能级定位为特大城市，并列入城市建设总体规划，以此来激励全市人民为之奋斗。**

其三，在区域地位上要成为中心城市。宁波的地理位置偏于一方，似乎不太可能成为中心城市，但不能成为区域中心就无法建成现代化大都市，因为都市的显著特征就是中心城市对周边地区的集聚和辐射。根据宁波现有条件，要成为国家中心城市在近期是不可能的，但成为区域性中心城市则是必须的，而且是有条件的。浙江规划了四大都市圈，宁波为其中之一，同时，宁波又是上海大都市圈的重要组成部分。尤为可喜的是，尽管宁波地理位置有些偏，但国家和省有关部门为支持宁波成为长江三角洲南翼经济中心，将宁波视为浙江乃至我国东南大区域内的"中心节点"，许多省内和跨省重大交通设施都在宁波交会，省内杭甬、甬台温、义甬舟三条经济大动脉均与宁波贯通，省外的沪昆铁路、通广高速、沈海高速均通向宁波，通苏嘉甬高铁也已动工兴建。这一切，都为宁波成为中心城市创造了条件。因此，宁波必须对周边地区加速形成明显的比较优势，从而成为有广泛影响力的区域性中心城市。

其四，在风格内涵上要成为特色城市。一个有影响力、号召力的城市，必须要有自己的特色。这方面宁波是有一定优势的,宁波港、宁波装、宁波造和宁波帮等,都是可以投向世界的名片,但非常遗憾的是宁波缺乏重量级的旅游名片,在国内旅游影响力100强城市中宁波的排名靠后,仅列48位,位次比许多地级市都低。因此,在塑造新一轮城市格局中,必须在打造城市特色,尤其是打造有影响力的旅游项目上有所突破,其中把前湾新区旅游板块打造成为长三角地区的游乐中心,把东钱湖和翠屏山打造成为世界级旅游目的地,可作为首选项目。

(三)落实优化提升城市格局的相关举措

其一,要做大城市规模。做大城市规模、提升城市能级是宁波优化城市格局的当务之急和重中之重。坚持走全域城市化的发展道路,加快撤县市设区,把各县市区全部纳入宁波大都市序列。结合撤县市设区,根据优化宁波城市格局的要求,可以对部分县市区行政区划做科学调整。同时,各县市区要加快将各自中心城区周边镇乡全部转型为街道,把原由镇级政府行使的规划、建设、管理等权限统一上收,以提升档次和品质。撤县市设区的举措一旦到位,大市城区人口规模可望大幅增加,可以使宁波进入特大城市的行列。将来如有可能,宁波与舟山合二为一,并凭借都市优势源源不断地吸引市外人员落户,通过不懈努力,逐步向超大城市目标迈进。一旦目标实现,宁波便可与上海、杭州一并形成杭州湾大三角三足鼎立的局面,最终为进入国内乃至世界一线城市行列打好基础。

其二,要做强城市核心。城市核心是城市灵魂之所在,是城市发展水平和形象的标志,必须作为城市门面予以重点打造。要精心选择用于建设城区核心的板块。在我看来，目前的宁波市区中，可胜任作为城市核心区的板块还没有真正形成，东部新城虽有浓烈的现代气息，但地段失之于偏，且文化积淀不足，而最初的城市核心海曙区中山街一带，气势不足，缺乏足够的吸引力。鉴于此，宁波应高起点重新打造城市核心区，比较理想的选址是三江六岸一带，因为这一带地形独特，自然景观效果较好，历史文化积淀厚重，知名度高，完全有可能成为代表宁波城市发展水平的"窗口"板块。近日从媒体获悉，宁波将对这一板块实行大规模改造提升，面积扩大到8平方公里，这是非常正确的决策，只是划定范围还是小了一点儿。核心区建设必须达到一流标准，建筑档次和人口密度要明显高于周边地区，集中布局一些地标性建筑，使城市形象引人注目，城市主要服务功能要配置齐全，对全市域及周边地区发展具有强劲的拉动和辐射作用。

其三，要是做优城市形态。目前宁波市区，由各个区级板块组合而成，外围还有四个县级市板块，其形态特点是呈组团式和星格状，优点是可以减少城市病的发生，但不足是城市凝聚力不强，很难让城区散发朝气和活力。所以改变城市形态也是优化提升城市格局的重要内容。根据宁波市域地理特点和现有格局，整个宁波的城市形态可以用"四带、三城、三环"表述。所谓"四带"，即从山地向海洋呈扇形分为四个带状：西南侧的山地为观光休闲和生态保护带，中间为由各大中小城市连环构成的城市带，临杭州湾为由各类产业平台组成的产业带，再向外为海洋经济带。所谓"三城",即在城市带上,建成"一主两副"的三座城市:宁波主城、北部新城和南部新城,并将介于三座城市之间的中小城市作为串联"三城"的纽带,进而将全市域串连成一个半环形、带状态、组团式的特大城市。所谓"三环",即围绕东钱湖、翠屏山和杭州湾西北部打造三大环状旅游区,并用高速公路和地铁进行串联,将"一湖一山一湾"打造成为大体量、高档次、特色化和多元性的世界级旅游目的地。在"四带、三城和三环"建设推进过程中,要特别注重化解原有格局中存在的"五偏"(偏小、偏低、偏散、偏冷、偏僻)现象,各大板块都要相向融合,以实现浑然一体、优势互补和互动联动的目标。这个以依山傍湾、带环互融、有机串联为特征的宁波城市形态,不同于沈阳等城市的"摊大饼式"形态,也不同于洛阳等城市的"网格式"形态,很有气势,很有特色,也非常切合宁波实际,而且可以有效避免城市病的出现,对于充分利用宁波都市圈内的各类资源,实现宁波全局和长远发展,必将产生巨大而深远的影响。

其四,要做高城市品质。为什么世界五百强企业尚未有一家在宁波设立总部?为什么宁波帮遍及全球却较少来家乡办实业?为什么高校毕业生选择宁波创业发展的愿望不是太高?为什么宁波籍的高校高才生不愿回家乡就业?一个重要的原因就在于宁波在城市品质和品牌打造方面尚未形成比较优势,吸引力和凝聚力不够。一个城市的竞争力在很大程度上取决于在城市规模、品质和品牌三个方面具有比较优势。**提升城市品质的根本目的是为了提升城市的宜居、宜业、宜学、宜医、宜玩、宜游水平,此为制胜法宝。**

当然,这需要有一个漫长的积累过程,必须咬定目标、持之以恒方能实现,但宁波这方面是一个明显短板,现在已到了非加大力度不可的时候了。为此,要全方位优化城市各类功能的配置,尤其是要重视教育、文化、医疗、养生、科研、生态等资源的配置,努力提升城市各类服务效能,切实增强城市软实力。

其五,要做新城市产业。产业为兴市之源、立市之本,产城融合发展是城市健康发展的根本保障。世界范围内的第四次工业革命已经开启,网络化、数字化和智能化是当下经济发展的大背景,高品质发展是今后经济增长的主旋律。所有这些都给宁波现有产业体系带来严峻挑战。宁波在同类城市中以制造业见长,而制造业中又以中低端产业为主,已与新时代发展形势不相适应,亟须进行大范围更新改造和提升。要通过做大城市规模,明显提升第三产业在城市经济中的比重;要依托东方大港的优势,努力将宁波打造成为国际金融中心;要努力做大为港口和出口型经济服务的产业链;要大力发展总部经济,争取在吸引世界知名企业来甬建总部上有所突破;要对占用大量空间资源而产出效益日趋低下的传统制造业进行有计划、大规模的"腾笼换业",用以发展高端服务业和高精尖新兴产业。

五、创立优化提升城市格局的运行机制

对宁波而言,优化提升城市格局是一项十分宏大的系统工程,因此,必须创立特定的运行机制,以确保这一战略工程真正落到实处。

其一，要提升城市建设在全局工作中的战略地位。在区域竞争日趋激烈的特殊背景下，城市建设不仅关系到民生福祉，更决定着一个城市的前途和命运。因此，对宁波而言，当前必须把优化提升城市格局上升到应有的战略高度。**城市建设是百年大计，是流芳千秋的宏伟大业。**为官一任，造福一方，抓经济、保平安固然重要，但将人民大众的家园和促进发展的平台建设好，具有更广泛、更重大、更长远的意义。从某种意义上讲，抓好城市建设就是为发展营造平台和环境，**就是最大的民生工程；如果就经济抓经济，就民生抓民生，但城市建设搞不好，即使短期内城市发展上去了，最终也必然会下来的。**基于此，地方各级主要领导应在城市建设上倾注更多的精力，把它作为履行自身职责的主要着力点：旗帜鲜明地支持对宁波城市格局进行全方位、整体性的优化和提升；亲自参与对现有城市格局的调查研究；主持召集各路专家对如何提升城市格局进行多角度的研讨；加大对优化提升城市格局建设项目的资源保障力度。同时，在上级政府对下级政府年度全局工作考核中，要明显加大城市更新工作的权重。

其二，**要确立城市建设全大市一盘棋的体制**。宁波市区建设必须打破各区区划界限，将整个市区作为同一个建设大单元，实行统一规划、统一设计和统一建设。在前几轮城市建设推进过程中，宁波的城市总体规划编制和重大基础设施配置，已基本做到了全大市一盘棋的要求，但各区在城市功能配置、建设项目实施以及城市建设品质控制等方面仍然各自为战，应尽快克服这种状况。为此，建议宁波大市要建立优化提升城市格局领导小组,大市主要领导亲自挂帅,大市各主要部门和各县市区主要领导都参与其中,对全大市的城市更新实施方案及重大项目实行统一决策和部署。同时,大市还要建立由各部门业务科室负责人和专家组成的优化提升城市格局指导小组,定点、定时对各县市区的工作进展状况进行指导和督促检查。各县市区要自觉服从大市领导小组的统一领导,积极配合指导小组的督促检查。各地的优化提升方案都要上报大市严格审批,在实施环节还要由上级有关部门严格监管。各县市区的大区块优化提升项目设计方案,也应报上级部门组织专家严格评审同意后方可实施。同时,宁波大市要学习上海做法,建立统一的城市品质控制和验收标准,要求各县市区严格执行。对各县、市、区要定期开展城市品质评比活动,至少每年举行一次,评比结果列入年度全局工作考核,以激励各地高度重视城市品质的提升。

其三,要强化对优化城市格局战略工程的保障。一是要强化思想保障。全市上下对实施这项宏伟工程,要统一思想,步调一致,全社会也要形成共识,最大限度地消除阻力,强化推力。二是要强化人才保障。对修编城市总体规划、详细规划修编和大区块城市设计,尤其是主城、副城核心区及各县市中心区建设方案,要不惜重金,在全国甚至全球范围内聘请一流主创团队和顶级专业人才主持。三是要强化财力保障。尽管目前各级政府财力吃紧,还是要通过盘活存量、经营城市、银行借贷等途径,每年挤出一定的财力用于实施优化城市格局的项目,力争通过10~15年的努力,使宁波全大市的城市格局得以显著改变,从而跨入一流特大城市行列。

其四,要做深做细优化提升城市格局的基础工作。大市和各县市区,都要在特定时期内,分别聘请国内外第一流的区域发展战略、城市规划修编、城市区块设计、城市建设品质控制等方面的人才,对宁波城市现有格局进行全方位、多角度的"把脉问诊",反复论证,在此基础上编制一个高质量、全覆盖、可操作的优化提升城市格局的整体实施方案,并要深化细化总体方案,编制好十年行动计划和每个年度项目实施安排表。在具体实施中,不可急于求成,任何板块优化项目,都要反复推敲,细细打磨,凡是条件不具备的不急于上马,以确保每个板块都是亮点,每一个项目都是精品。

新背景下宁波应重启慈余组团发展

当下,我国城市化正处于加速期,世界上最大的城市群之一——长三角城市群正在迅速崛起。**如何确立和提升宁波在长三角城市群中的战略地位,这是宁波在新一轮发展中需要研究和把握的首位战略问题。**

城市化对一个地区经济社会发展的意义和作用极其重大。浙江大学教授研究认为:浙江城市化发展水平不如江苏,江苏 200 万人口以上的大城市有 8 座之多,而浙江目前还只有 3 个。这是两省综合实力拉开差距的重要原因。鉴于此,我们认为,**宁波要在新一轮发展中实现再度崛起,必须大做特做城市化文章。**20 世纪初,浙江省曾提出要把慈溪和义乌建设成为大城市;十几年前,国务院批复的《宁波城市建设总体规划》,明确将慈余地区组团建设成为宁波大都市北部中心。为此,当时的宁波曾提出并具体实施了慈余组团发展战略,然而仅仅过了几年,这一于宁波而言的重大战略被束之高阁,暂缓实施。目前,慈余地区外部环境和内部条件正

此文根据笔者对慈溪与余姚两市关系处理的几篇文章整合而成。成文时间为 2019 年 8 月。

在发生百年未有之历史性大变局,组团建设"大城市"的条件已完全成熟,因此,很有必要重提建设宁波北部中心(也可对应前湾新区称为前湾新城),很有必要重启将慈余(含前湾新区)组团发展成为大城市,很有必要把前湾新区建设与前湾新城建设融为一体,整体推进。

一、要高度重视慈余北部板块的开发价值

慈余北部地区,依四明山而立,环杭州湾而兴,具有得天独厚的四大优势:**一是区位优势**。这一区域是长三角城市群中的重要节点,地处上海、杭州、宁波三大都市区的中心位置,距长三角龙头上海只有半小时的高铁车程,既是宁波大都市的重要一极,更是实施大湾区发展战略的核心地带。尤为可喜的是,该区块的交通条件正在发生根本性改变:杭州湾跨海大桥早已开通,横贯慈余地区的杭甬高速复线已经开建,高铁余姚北站已经运行,高铁慈溪站已经立项,慈余地区贯通宁波和上海的轻轨建设也已摆上日程。这种改变足以让这一区块成为长三角和环杭州湾地区最重要的交通枢纽之一。**二是空间优势**。这一区域具有广阔的海涂资源,目前可供开发建设的土地后备资源至少还有400平方公里以上,这在我国东部沿海地区极为罕见。**三是产业优势**。这一区域产业基础比较扎实,上规模的产业园区有宁波杭州湾经济技术开发区、中意(宁波)生态园、慈溪高新技术产业开发区、慈溪环杭州湾创新经济区和慈溪商品市场物流园区等,总规划建设面积超过500平方公里,产业门类齐全,不少产业已形成规模效应,年地区生产总值已超过2 800亿元。**四是人**

文优势。这一区域是典型的移民地区,当地人民富有经营头脑,思想活跃,创业创新意识强。

综上所述,慈余北部地区是难得一见的黄金宝地,具有极其重要的开发价值,可以成为宁波地区最重要的增长极,也是浙江最重要的增长极之一,开发前景十分广阔。在长三角一体化和湾区经济大发展的新背景下,慈余北部地区将成为宁波迅速崛起的首位战略要地,也是宁波在新一轮发展中再创辉煌的最大希望之所在。

二、慈余地区组团建设"大城市"意义重大

意义之一,可以让宁波更好地顺势而为。"天下大势,浩浩荡荡,顺之者昌,逆之者亡。"当前和未来,我国经济发展将呈现值得关注的三大趋势:**一是消费型社会正在成型**。宏观经济发展开始步入数字经济、网络经济、智能经济、品质经济和消费经济新阶段。2018年,消费对我国经济增长的贡献率已达75%。这标志着第三产业和城市经济将成为整个经济的"主角",这在不少先进发达地区已成为现实。**二是人口总量将呈下滑趋势**。中国社会科学院预测,到21世纪末我国总人口将锐减至8.5亿人左右。因此,劳务短缺和劳务成本持续上扬将成为必然。这一趋势决定了中低端劳动密集型产业将被逐步淘汰或转移。经济发展严重依赖外资的苏州地区,因近年来中低端制造业中的外资开始大量撤离,日子也不好过,今年上半年名义地区生产总值增长只有4.8%,在六大城市中居于末位。**三是城市之争将更趋激烈**。纵观当下国内经济领域,各类大城市"群雄并起、逐鹿中原"的态势

已经形成,"马太效应"揭示的"强者愈强、弱者愈弱"的原理正在日益显现,一些缺乏规模、品质和品牌效应的四、五线城市难免会逐步萎缩。在这样的背景下,慈余地区组团建设大城市是顺势而为的明智之举,必将对宁波再度崛起产生根本性和关键性作用。

意义之二,可以从根本上改变宁波原有城市格局。城市之争,表面上是产业之争、项目之争和人才之争,实质上是城市规模、品质和品牌之争。目前,宁波城市的规模效应还不够突出,**城市发展仍是"单核驱动、单极增长"的格局**。宁波的主城城区人口规模2018年还不足300万人,宁波尚未跨入Ⅰ型大城市行列,与特大城市(市区常住人口500万人以上)的要求更是相差甚远,在新一线城市中排位几乎处于最低等级;而且除主城外,其他各个城市组团遍地开花,分布很散,均为人口规模不足50万人的小城市组团,城市集聚程度和资源集约水平仍然较低,集聚和辐射能力相对有限,由此导致发展动力不足,城市综合竞争力难以形成比较优势。为改变这种格局,**最佳突破口在于前湾新区与慈溪、余姚三地实行强强联合,组团发展成为"大城市"**。目前这一区域的各个城市板块尚处于相互游离状态,有3个县市级及多个镇级开发主体,大家各自为战,形不成合力,每个组团都只是长三角城市群中的"小儿科"。为此,通过实施慈余与新区组团发展战略,对整个区域实行统一谋划、统一规划、统一建设和统一开发,变多个组团为一个组团,变分散状态为集聚状态,从而形成"双核并驱、两极增长"的城市新格局,使宁波跨入特大城市的行列。这对宁波再度崛起和长远发展意义极为重大。

意义之三,可以有效突破宁波原有产业格局。一是可以加快制造产业转型升级。慈余地区传统制造业体量庞大,组团建成"大城市"后,必定会形成规模效应、品质效应和品牌效应,加上难得一见的区位优势,可以吸引更多国内外优势企业、优质项目和优秀人才,从而大大加快这一区域传统制造业转型升级。二是可以拉动城市经济迅速崛起。未来宁波的经济发展仍须将先进制造业作为重要支撑,但根据发展趋势和规律,今后要更多地依赖第三产业。第三产业是城市化的伴生物,城市化水平越高,第三产业发展就越快;城市规模越大,第三产业门类就越多,第三产业的贡献份额也就越大。目前整个慈余地区的第三产业比重还不足40%。通过组团发展,将慈余西北部地区转型为"大城市"后,必然会推动整个宁波第三产业加快发展,从而实现原有产业体系的转型升级。

三、慈余地区组团建设"大城市"非常可行

可行性之一,慈余地区是非常适合建成"大城市"的黄金宝地,是整个宁波乃至浙江新建"大城市"的最佳方位。与金义地区相比,这里建成"大城市"的优势更为明显:一是金义地区两个城市的综合实力不如慈余地区;二是金义地区地处内陆,而慈余地区地处长三角地区重要节点和环杭州湾地区中心位置,集聚和辐射空间更加广阔,区位更加优越;三是慈余地区可供开发建设的空间明显多于金义地区;四是慈余地区常住人口已超过300万人,而且前湾新区作为省内最大的产业平台,吸纳人才和劳务的潜力巨大;五是慈余地区是实

施大湾区战略的前沿和核心地带,而金义地区地处大湾区的边缘地带。

可行性之二,慈余组团建设"大城市"已有很好的基础。慈余组团现已形成多个城市板块,主要有慈溪主城、余姚主城、杭州湾新城以及周巷、泗门、低塘等城市板块,总建成面积已超过200平方公里,城区常住人口已超过150万人,大城市框架已基本形成,城市化率已超过60%。

可行性之三,慈余"大城市"组团可以得到多种要素的有力支撑。已经上规模且具有品质和品牌效应的宁波主城可作为该地区的坚强后盾;高铁、轻轨、高速、航空等现代交通资源配置相当充足,区域内已经和即将贯通多条高速公路,已建和将建两个高铁站,连通宁波和上海的城际铁路也已开建,这在同类城市中极为罕见;浙江省内最大的产业平台——前湾新区正式建立,可以为大城市发展提供强有力的产业支撑。从上述分析可以看出,慈余组团建成"大城市"的综合条件并不亚于宁波主城,这一类的"大城市"必然会有很强的竞争力和生命力。

四、慈余地区组团建设应走产城融合的发展道路

前湾新区建设已摆上议事日程,慈余组团建设"大城市"也应同时启动,而且两者必须融为一体,统一谋划,统一规划,统一建设,统一开发,一体化推进。理由之一,宁波作为国际化大都市,迫切需要拓展新的发展空间,而在宁波其他各大板块中,发展空间已相对有限,因此,利用慈余北部地区的空间优势,新建一个宁波北部新城,可以拉开城市框架,扩

大都市规模，从而形成"两极"增长的新格局。**理由之二**，有生命力和竞争力的城市必须具备六大效应，即区位效应、规模效应、生态效应、品质效应、特色效应和品牌效应。而目前这一区域中的各个城市组团和各大产业板块仍处于相互游离状态，各自为战，形不成合力，每个组团都只是长三角城市群中的"小儿科"，势单力薄，难以参与更高层次的区域竞争。**理由之三**，单纯搞产业园区还是以产城融合的理念搞开发建设，其成效和结果大不相同：如果产业园区建设与城市建设割裂开来，只能产生"物理反应"，即"1+1=2"；而以产城融合的理念建设这一板块，必将产生"化学反应"，即"1+1＞2"。**理由之四**，走产城融合的道路可以更好地造福当地人民。慈余北部板块由世世代代当地人民围海造田而成，凝聚了无数当地老百姓的心血和汗水，因此，当地人民从这一板块的开发建设中获得利益回报，这是天经地义的事情。如果产城分离搞开发建设，位于北侧的新区产业板块集聚的大部分是外来人员，而当地人大部分居住在南侧的城市板块，比较难于从新区开发中得到实际利益。因此，唯有将两者融合起来，搞一体化开发建设，才能为当地人民提供更多的发展机会，从而获得更好的利益回报。

五、慈余地区组团建设"大城市"应明确定位

其一，要明确目标定位。通过15年左右的努力，把慈余西北部地区建设成为宁波大都市北部中心，成为世界级先进制造业基地，成为长三角一体化重要一极和重要枢纽，成为上海、杭州、宁波三大都市区的"中央花园"。宁波北部中心即前湾新区

的规划控制面积达到1 000平方公里左右,宁波城区人口力争突破300万人,力争成为省内又一个Ⅰ型大城市。

其二,要明确结构定位。宁波北部中心(前湾新城)应由四大板块(前湾新区、慈溪主城、余姚主城、周一泗小城市)组合而成,原则上应以329国道复线(中横线)为界,北部前湾新区主要承担先进制造业、旅游业发展和跨区域服务等功能,中部慈溪主城和周一泗城市组团主要承担新区综合配套服务、总部经济集聚、城市经济发展和人居等功能,南部余姚主城主要承担城市经济发展和人居、休闲等功能,从而形成三带联动、优势互补、产城融合、浑然一体的城市格局。

其三,要明确核心定位。科学确定北部新城核心区方位,对新城和新区建设至关重要。鉴于本轮慈余组团发展背景与上一轮有很大不同,以及中横线是承南启北的中轴线,为了更好地利用高铁、轻轨等资源接轨大上海,融入长三角,更好地为前湾新区提供配套服务,真正实现产城融合,前湾新城核心区要依托慈溪高铁站和慈溪地铁站及慈溪汽车客运中心,定位于中横线南北两侧。宁波北部新城建设范围不能局限于前湾新区,而是要立足于慈余组团发展,立足于原有慈余西北部四大城市组团(慈溪主城、余姚主城、杭州湾新城和周一泗城市板块)的相向融合和整合提升,同时要依托慈溪高铁站和中横线慈溪段两侧,规划建设一个面积不小于30平方公里、具有顶级水准的北部新城核心区,再加上前湾新区产业板块,从而形成宁波北部新城的总体格局,即以329国道复线(中横线)为界,北侧以产业集群为主体,南侧以城市组团为主体,形成南北互动、产城融合、优势互补、浑然一体的格局。前湾新区初步规划将正在建设中的杭州湾世纪新城作为北部新城核心区,我认为这样定位存在三大弊端:一是位置太偏,新城核心区离高铁慈溪站和余姚北站太远,其相距均在20公里以上,对有效利用高铁资源会有很大不便;二是会导致南侧三个城市组团边缘化,前湾新区也难以有效利用原有城市组团的各类资源;三是单凭新区一己之力,宁波北部新城很难在短期内形成规模效应,建设周期会拉得很长。当然,在北侧产业板块中,适当配置一些城市服务功能也是必要的。目前北部新城几大城市板块城区常住人口已超过180万人,随着各类项目入驻前湾新区、北部新城及周边产业园区,更多的当地农村人口和外来人员会加速向北部新城集聚,远期新城人口总量有望突破300万人。

其四,要明确路径定位。慈余组团建设大城市,目前暂不宜从调整行政区划入手,因为这样操作难度很大,也容易引发社会震动,因此必须走"统筹"的道路,着力于区域内各个城市组团在空间布局上的相向融合和功能配置上的有机组合。具体可以分两步走:第一步搞统筹,对整个区域实行规划建设"一张图"。尽快恢复建立慈余统筹发展领导小组及常设机构,全权负责区域总体规划编制和监督实施、重要功能板块布局、重大基础设施项目统筹、重大事项协调等。第二步更体制,待条件基本具备后,对该区域的管理体制进行适度调整:慈余两市均撤市设区,全部纳入宁波直接管理;慈溪区与前湾新区(不含余姚北部工业区)合二为一;整个北部新城由慈溪和余姚两个行政区组合而成;北部新城与宁波主城组团成为人口规模超500万人的特大城市。

卷二

前湾新区作为迄今省内最大的产业平台,须高起点建设,力争成为"杭州湾畔陆家嘴、东海之滨新硅谷"。

前湾新区应抓紧朝五个方向转型

前湾新区主体部分所在板块最初是慈溪经济开发区，2010年转型为宁波杭州湾新区，2018年通过扩容改名为前湾新区，面积扩大到604平方公里。通过近20个年头的几番演变，其发展背景已发生了很大变化。当时的背景是传统经济、块状经济、速度经济和大桥经济，现在的背景则是湾区经济和高铁经济，宏观层面已步入数字经济、网络经济、智能经济、消费经济和品质经济新阶段：国家提出了长三角一体化大战略，浙江省委也于近日向全省发出了全方位融入长三角一体化发展的号召；两年前浙江省党代会还确立了大湾区发展战略。在这样的大背景下，前湾新区要加快整体性转型升级，具体要实现"五个化"：

其一，一体化。这里的"一体化"包含三层意思。一是指将前湾新区融入长三角一体化发展进程。这里主要包括如何将新区纳入长三角一体化发展机制，如何在资源利用、项

此文为笔者在杭州湾新区管理委员会召开的慈溪老干部座谈会上的发言，根据现场录音稿整理而成。成文时间为2019年6月。

目实施和功能配置上加强与周边城市的交流和合作,如何吸引高层次人才落户新区等。目前长三角一体化进程在加速推进,长三角地区越是一体化,地处黄金节点的前湾新区板块的含金量就越高,因此作为新区应主动出击,多方联络对接,以切实避免在一体化潮流来临时被边缘化。**二是指前湾新区内各个板块要一体化。**杭州的钱塘新区,由杭州经济技术开发区与杭州大江东产业聚集区组合而成,总面积500多平方公里,它在管理上是一体化的。而前湾新区目前在管理上采用的是"联合体"模式,用指挥部的形式来统率各组成板块,而各个板块在开发建设上仍然独立自主,这样实施起来会有很大的麻烦,因为"联合体"内有三个利益主体,内部合力弱,协调难度大,运行效率低。新区指挥部如果权力太大,会抑制各个利益主体的积极性,很容易成为矛盾焦点;如果权力太小,很难高效履行统筹职能,届时,很可能会因各方利益矛盾而被搞得焦头烂额。因此,采用"联合体"的管理模式可能存在"试错"的风险,以前慈余组团也搞过"联合体",但决策者一走之后管理模式就变掉了。所以这种模式是没有生命力的。要么不搞,如果搞就要各个板块组成一个共同体,成为利益共同体、命运共同体,这样才能够搞得起来,否则,这个板块以后没办法跟杭州的钱塘新区竞争。杭州与宁波之争,很大程度上取决于这两个省级平台之间的竞争。所以平台管理体制的起点要高,一定要一体化。**三是指要实现市、区一体化。**慈溪市区要与整个前湾新区融为一体,否则对整个慈溪的伤害会非常大;而新区由于搞独立发展,少了慈溪的配合与支持,不仅运作起来会困难重重,而且也不能有效利用慈溪既有的城市资源，造成资源的巨大浪费，而市区一体化可以有效地化解这些困难和矛盾。**鉴于此，作为浙江省内最大的产业平台，建议采用"一体化"即"实体化"的管理体制。**

其二，城市化。现在的前湾新区，总体上只是一个产业园区，城市功能的配置还相对缺乏和滞后。为此，要争取重提宁波北部中心，重提慈余组团，其包括慈溪、余姚和前湾新区三大板块，以及泗门、周巷等小城市组团，整个慈余西北部地区要成为一个重量级的城市板块。慈溪现在提出的目标是成为环杭州湾区域的中心城市，这个目标涵盖的区域须包含前湾新区，否则就形不成也成不了宁波北部中心。基于以上分析，我认为前湾新区不应该成为单纯的产业园区，而是要走产城融合发展的道路，致力于成为现代化都市区的重要组成部分，以都市化理念为主导，以建成宁波北部新城为目标，对慈余西北部板块进行整体开发和建设。**鉴于此，前湾新区城市建设不应再向西北方向"孤军深入"，而是要与南部的慈溪主城及周巷、泗门板块相向融合，只有这样，才有可能使慈余北部板块成为名副其实的宁波大都市北部中心。**

其三，多元化。杭州湾新区从制造业开始起步，最近四五年来，多元化发展已迈出步子，但还远远不够。我们不能把希望寄托在某一两个产业上，一定要坚持多元发展，除了制造业之外，高端服务业在这个板块中的占比要大大提升。许多高端服务业很适合在这里生存和发展，如物流会展业、体育健身业、医疗保健业、旅游观光业等都大有希望，大有潜力，但关键是要善于谋划和推动，而且要大手笔、大气魄。**杭州湾新区曾规划借鉴美国奥兰多的做法,在新区内建17个多元化娱乐性主题公园,这就是大手笔,但一定要反复论证,切实可行,一旦计划成功,宁波北部新城就有望成为长三角地区最大的游乐中心。

其四,特色化。湾区经济自古以来就有,但是上升为地区发展战略后,同原始自发的湾区经济就有了质的不同,因为区域发展要求各个板块要各具特色,实现差异化,不搞同质化。那么前湾新区的特色在哪里?我个人认为,**从城市角度讲应突出两个特色:一是"枢纽化"**,前湾新区的区位条件决定了它可以成为促进三个大都市圈相互联系的枢纽;二是"中心化",它的位置正好在三个都市圈之间的中心地带。因此,城市建设中在功能配置上应突出这两个特色。**从产业角度讲也要突出两个特色:一是"智能化"**。智能产业要成为其中最大的特色。拉动我国经济发展的两大支柱产业——房地产业和汽车产业的发展高峰已经过去,我认为,下一轮拉动全局经济发展的主导产业很可能是智能产业。这同我国的人口结构有很大的关系,如果智能产业尤其是机器人产业不发展,我国的劳务成本很可能是世界上最高的。所以智能化定位非常好,但是需要加大推进力度。**二是"休闲化"。在这个板块里,发展休闲旅游观光产业将会非常有前途**。嘉善的西塘就是靠上海的回头客撑起来的,一直以来西塘的旅游业都非常火爆,即使不是双休日西塘的停车位也极其紧张。其原因很简单,在拥有两千多万人口的上海找不到这样的休闲板块,大都市中的大批青年创业者或逐梦人,在紧张的工作之余喜欢就近找地方放松自我。不久的将来,在慈溪开通轻轨和高铁后，从上海出发半小时就能到达这里，届时这里必定会吸引整个长三角地区大量的游客前来休闲旅游。

其五，品质化。品质具有无形且重要的价值，人类的最终方向就是要努力追求整体生活品质的全面提升，包括城市品质、产业品质、生态品质、文化品质、生活品质等，都是人们非常向往的。慈溪周边不少城市都建有高尔夫球场和国际学校，而慈溪的高尔夫球场和国际学校目前还是空白，因为审批非常难，这一块应予以重点突破，建议利用浙江省最大产业平台的优势去做工作，如把这块突破了，并不断积累，板块的综合品质必然会得到不断提升。

最后我还想谈一点想法，**就是建设杭州湾新区或者前湾新区，千万不可偏离我们的终极目的，这个终极目的就是要造福当地人民，并为浙江及宁波发展大局多作贡献**。杭州湾新区从慈溪独立出去后，新区管理委员会历任领导一直对慈溪老干部非常尊重，非常关心，对此我们毫无疑问怀着感激之情，但我们最期盼的是新区兴旺发达，慈溪人民从中获益多多。这是人民群众的内心愿望，是各级党政组织义不容辞的"天职"。

对《宁波市前湾新区空间规划》的修正意见

建立前湾新区的决策出台后,《宁波市前湾新区空间规划》(以下简称《规划》)已初步形成。经研究分析后,我们认为,这一规划体系完备、理念先进、气势宏大,如单就新区作为一个独立发展的规划单元而言,这些规划基本可行,无可厚非;但从整个宁波发展大局来看,从实现慈余组团建设"大城市"的战略目标来看,从前湾新区开发建设效益最大化来看,从实现慈余地区人民根本利益来看,《规划》在重大战略把握上仍须深化研究。

经分析,《规划》主要存在5点不足:**一是没有体现新区与慈余地区统筹、融合、联动发展的思想**。《规划》在功能定位上,将新区作为一个独立封闭的规划单元,几乎没有提及与慈余地区联合发展的内容,而是自成一体、另立门户,仿佛要完全脱离慈余两地,新搞一个功能完备的"行政区"。**二是对融入长三角一体化发展没有实质性举措**。建立前湾新区

此文是慈溪各界同志对《宁波市前湾区空间规划(草案)》提出的修改建议,由笔者整理而成。成文时间为2019年7月。

的重要宗旨是为了落实长三角一体化发展战略,需要确立更加开放的发展理念,然而《规划》对融入长三角一体化发展仅提出了一些概念性举措,在空间资源配置上没有考虑发挥自身的特殊区位优势,缺乏面向长三角和杭州湾地区综合性服务功能的布局。三是城市和社会功能占用空间比例过大。《规划》提出要新建一个人口规模达120万人的组团式"大城市",建设40万套(已建约12万套)居民用房和近百家各类教育机构(幼儿园、小学、初中、高中、职高、大学等),还要建设一批图书馆、博物馆、体育场、大剧院、医院等公共服务设施。四是新区内城市布局多而分散。《规划》按"多点式"思路布局城市功能,计划要在区内建设1个北部副城核心区(40万人口)、2个小城市(10万人口以上)和若干个小城镇(10万人口以下)组团(即1＋2＋X)。五是没有将拓展新的产业发展空间摆上位置。《规划》在产业空间布局上只是对已有产业平台的简单相加,如何拓展新的产业空间缺乏实质性举措。

《规划》对新区功能做这样的定位,很可能导致5个严重后果:

其一,违背城市化发展规律。城市化的本质是要素集中、集聚和集约;有竞争力和生命力的城市,必须立足于融合发展,必须立足于做大做强。慈余西北部地区现已形成4个有一定规模的城市组团,只要相向融合就可以形成大城市发展格局。而《规划》却要在有限的空间中再另行布局"1＋2＋X"的城市组团,与南部原有城市组团不是"融合",而是"分离"。这不是城市化而是"逆城市化",违背了城市化发展规律,把原本可以建成大城市的黄金板块"碎片化",无疑是

"自废武功"和"自断命脉",宁波城市形成"双核驱动""两极增长"新格局的良机将由此而丧失。

其二,打破了整个慈余地区均衡化发展格局。实现地区均衡化发展是党和国家的一贯方针。慈余地区通过前40余年的开发建设,已基本形成均衡化发展格局,这非常难能可贵,应倍加珍惜。然而,如果前湾新区大搞城市建设,这种格局很有可能被打破,**从而导致慈溪、余姚和前湾新区"三败俱伤"**。慈余地区多个产业平台被纳入前湾新区,且慈余城市组团与前湾新区在发展水平上有明显反差,这会导致慈余两地优势企业、优质项目、优秀人才和各类劳务大量流向前湾新区;《规划》要在前湾新区建设最具现代气息的"未来之城",有条件的市民会因追求高品质生活而流向新区,这样必然导致"此消彼长",使得南侧城市组团被边缘化和空心化,整个慈余地区的经济、社会、人口和城市均衡化格局将由此而失衡。

其三,制约前湾新区宏伟目标顺利实现。根据浙江省政府批复,前湾新区要成为世界级先进制造业基地、长三角一体化发展标志性战略大平台;《规划》也提出了前湾新区主导产业发展及经济综合目标,计划15年后要建成1个万亿级产业,2个五千亿级产业和4个千亿级产业,期末年地区生产总值达到3 600亿元(按人均30万元×120万人测算)。这一目标气势宏大,鼓舞人心,然而在空间布局上城市功能占比过大,对目标实现会造成重大制约。**一是会严重挤压制造产业发展空间**。如按120万人口规模配置城市功能,城市建设占用空间至少需要100平方公里。新区规划控制总面积为604平方公里,扣除城市建设用地、各类保护用地和已开发建设用地等，新的制造产业发展空间将不足100平方公里。目前前湾新区界址内已开发产业板块约90平方公里，而年工业生产总值还不足3 000亿元，地区生产总值还只有660多亿元；15年后要在合计只有不足100平方公里的产业空间中，达到年工业总产值2.5万亿元、地区生产总值3 600亿元的发展目标，这几乎是不可能的。**二是会引发前湾新区与慈余两地的利益矛盾**。由于前湾新区大搞城市建设，慈余地区均衡化发展格局会被打破，各类利益矛盾会凸显出来，当地政府和群众自然会产生抵触情绪。得不到当地政府和人民群众的支持，前湾新区建设必然会困难重重。**三是前湾新区运行效率低下**。一方面，前湾新区大搞城市建设和社会建设，必然会牵制各产业平台管理机构的精力，不能专心致志抓开发建设；另一方面，如果前湾新区不与慈余地区统筹和融合，只把这一区域中的主要产业平台简单组合，那么它只是一台很普通的"柴油发动机"，只能产生1+1=2的"物理反应"，运行效益无法最大化。

其四，造成城市功能设施配置重大浪费。一是慈余地区南侧各个城市板块已配置了大量城市综合服务功能，完全可以用于支撑前湾新区发展，而由于大量要素流向新区，原有城市资源利用率会大幅下滑；二是前湾新区另立门户搞城市建设，如完成《规划》提出的各类建设项目，总投资（包括公共服务、人居和基础等设施）保守估计需要2 000亿元以上，这会造成资源配置上的双重浪费；三是如人口达到120万人的城市规模，至少需要配备从事社会管理和服务的财政供养人员3万人以上，这会导致行政管理成本大幅上升。

其五,有违慈余两地人民心愿。前湾新区批复文件一经公布,慈余两地人民满心欢喜,翘首以待,把它视作千载难逢的发展良机。而《规划》将前湾新区作为一个独立发展的城市,没有体现当地人民群众的利益关切,其结果必然使两地人民的美好愿望化为泡影。不仅如此,如前湾新区按《规划》操作,自立门户求发展,关起门来搞建设,那么,前湾新区城市和产业发展得越好,南侧城市组团"萎缩"得就越快,这是当地人民很不愿意看到的结果。

综上所述,《规划》对前湾新区功能做这样的定位,有可能是一个战略性失误,有可能使前湾新区发展误入歧途,有可能损害三地均衡化发展格局,由此导致建设前湾新区这一非常正确的战略决策,在实施上却成为"败笔",留下历史遗憾。鉴于此,我们提出两方面建议:

其一,要正确把握前湾新区发展战略。一是统筹发展战略。前湾新区是慈余两市的重要组成部分,前湾新区与两地是命运共同体;前湾新区的成败兴衰,与慈溪、余姚乃至整个宁波的前途和命运息息相关,与慈溪、余姚两地人民的切身利益息息相关。因此,要推动前湾新区与整个慈溪、余姚地区的融合发展和联动发展,使前湾新区和新城融合成为一台功能互补的"核能发动机",产生 $1+1>2$ 的"化学反应",其发展能量和运行效率将成倍增加。二是开放发展战略。前湾新区和新城要充分发挥特有的区位优势,着眼于全方位接轨大上海、融入长三角,尽可能多配置一些面向杭州湾和长三角地区,特别是三大核心城市的跨区域综合性服务功能,主要包括会展、物流、仓储、中介、旅游、休闲、创意、研发及高端医疗、高等教育和竞技体育等功能。三是集聚发展战略。前湾新区和新城要着力于做大做强城市和产业,进而形成品质优势和品牌优势,增强在城市群中的竞争力。目前,前湾新区通过对周边产业平台的整合,已成为省内规模最大的产业平台。与之相对应,下一步要着力于对整个慈余西北部地区各个城市组团的整合和提升,以迅速形成与产业规模相匹配的城市规模优势。四是差异发展战略。在实施长三角一体化发展和大湾区发展战略的新背景下,前湾新区和新城发展要由同质化发展向特色化发展转型,在城市群中扮演好自己的角色,形成自身特色。作为城市,要突出"枢纽型""中心型"(地理中心);作为产业,要突出"智能化"和"休闲化"。五是品质发展战略。要把品质发展作为制胜法宝,既要致力于做大,更要致力于做强、做高、做优、做精、做美,全方位提升整个前湾新城的城市品质、产业品质、生态品质、文化品质和服务品质,以明显增强对各类优质要素的吸引力和承载力。

其二,要合理调整新区功能定位。一是《规划》在功能定位上应做重大调整,大幅度弱化城市功能和社会功能,更加强化产业功能;与此相对应,新区人口规模指标也要大幅压缩。二是调整后仍保留的城市功能,尤其是公共服务和人居功能,在布局上要相对集中在慈溪高铁站周围及中横线两侧,其他区块原则上不再布局此类项目。三是《规划》要增加拓展新的产业发展空间的内容,通过压缩城市人居和服务功能,向南或向东拓展新区界址,全面整合、搬迁新区内旧城旧村,围海造地等举措,力争再增加产业发展空间100平方公里以上,以确保产业发展目标的实现。

建设前湾新区应妥善化解市与区的利益矛盾

落实建设前湾新区重大决策,目前的难点和焦点是如何妥善处理各方利益关系。前湾新区界址范围横跨慈溪、余姚两地,涉及慈溪、余姚和杭州湾新区三个县市级利益主体。这种利益关系如果不能理顺,前湾新区建设必然会障碍重重。

一、当下的重点是要理顺前湾新区与慈溪的利益关系

鉴于行政区划调整难度大,余姚北部工业区作为"联合体"成员,现阶段仍可保持相对独立;鉴于余姚主城和泗门镇也是宁波北部新城的重要组成部分,可以待北部新城核心区基本成型后,根据需要对行政区划做适当调整。根据浙江省政府批复,划入前湾新区的各大产业板块,实行"一个平台、

2019年6月,浙江省委及宁波市委进一步落实在慈溪和余姚两地建立全省最大的产业平台——前湾新区的决策。在新区设立的酝酿和决策阶段,慈溪部分老干部出于对上级组织和慈溪人民负责的考虑,积极建言献计,发表了不少有价值的意见。笔者将各位老干部的意见进行了汇总梳理,先后形成了多篇建议稿,通过正常渠道送达宁波市主要领导参阅。成文时间为2019年6月。

一个主体、一套班子、多块牌子"的实体化管理模式。慈溪新划入前湾新区的面积约144.2平方公里,加上原属慈溪的杭州湾新区353.2平方公里(不含海域),合计497.4平方公里,占整个前湾新区总面积的82.4%。这在根本上改变了慈溪原有的利益格局,对慈溪未来发展将会产生严峻影响:**一是慈溪产业发展空间严重萎缩**。根据批复确定的新区界址,慈溪在改革开放后三个不同历史时期打造的五个市级主要产业平台(慈溪经济开发区、慈溪杭州湾新区、慈溪高新技术产业开发区、慈溪环杭州湾创新经济区、慈溪商品市场物流园区),均被划入前湾新区。目前,慈溪市级产业平台只剩下慈东滨海工业区。由此造成的后果是:慈溪在过去40多年中积累形成的发展成果不再归慈溪所有,慈溪经济被骤然空心化;慈溪百姓利用产业平台创业创新的空间被明显压缩。产业是立市之基和民生之本,将多数主要产业平台划走后,慈溪的经济发展和民生福祉前景堪忧,而在目前条件下,慈溪要再新搞一个大的产业平台已不太现实。**二是慈溪主城和多数镇(街道)被"碎片化"**。根据《规划》,慈溪环杭州湾创新经济区(原环杭州湾创新中心)将整体性划归前湾新区。这是十多年来慈溪新打造的"三北新地标、城市主客厅",是慈溪主城的核心和灵魂。城市是一个有机体,一旦灵魂和核心被"抽走",城市的完整性、独立性、有机性将受到严重损害。同时,全市19个镇和街道有10个被"一分为二",这些镇和街道原有的发展和管理格局也因此变得"支离破碎"。**三是慈溪市政府可支配资源和财源会大幅减少**。慈溪是浙江省内第一经济强县(市),如今主要产业平台大多被划走,尽管数字统计口径不变,但事实上"第一强县(市)"已徒有其名,只剩下一个"空架子"而已。在当下和未来,慈溪的建设、发展任务依然很重,需要有大量资源支撑,而慈溪成为"空架子"后,要推进建设和发展将会力不从心,步履维艰。**四是多数慈溪百姓难以从前湾新区开发建设中获得利益回报**。划入前湾新区的慈溪北部板块,由世世代代当地人民围海造田而成,凝聚着无数百姓的心血和汗水。人们原指望从这一板块的开发建设中获得利益回报,现在被分离出去,前湾新区外的多数慈溪人要从中获益已不太可能,这将导致人们在心理上产生很大落差。

根据上述状况分析,目前慈溪和前湾新区关系处理面临着"**两难**"状态:如前湾新区采用"联合体"管理模式,尽管不会触动双方的利益格局,但划入前湾新区管理的慈溪各大产业平台及 13 个镇(局)级利益主体,与指挥部和前湾新区之间工作层面的冲突在所难免,由此必然导致前湾新区运行效率低下,而且慈溪方面的自主性和积极性也会被抑制。**如前湾新区采用"实体化"管理模式,市与区两者之间的利益冲突会非常尖锐:慈溪城市的核心板块和几个主要产业平台划归前湾新区管理,慈溪主城的整体性、独立性和有机性会受到严重损害;政府可支配资源和财源会大幅减少;大量优质资源可能会流向前湾新区,导致慈溪主城边缘化和空心化,城市国有和民有固定资产也会逐步缩水**。当年慈溪举全市之力打造的杭州湾新区,在粗具规模后划归宁波管理,慈溪原有的经济格局由此而发生改变,170 余家慈溪上规模企业至今还留在杭州湾新区。如果这一次搞前湾新区建设,再将慈溪近

10年中新打造的3个主要产业平台划归前湾新区,必然导致慈溪经济空心化,这对慈溪人民来说是一个很难接受的现实。

二、化解市区利益矛盾的有效途径是慈溪撤市设区

为破解这一"两难"状态,我们认为最有效、最合理的办法是慈溪撤市设区,与前湾新区合二为一,可以简称其为慈溪区,也可以简称其为前湾区,慈溪区与前湾新区在行政管理上完全合一,并实行北仑区的现行管理模式:党委实行一元化统一领导;行政设两套班子,分别负责前湾新区内和外的各项经济社会事务管理;财政设一个"袋子";规划建设实行一张"图纸";辖区内的各类公务人员待遇执行统一标准。

采用上述管理体制益处多多,且几乎没有任何弊端,至少是利大于弊,其主要效益有:**一是合乎当地人民意愿**。杭州湾新区实行独立管理的9年多来,慈溪各界人士和广大民众要求市、区合一的呼声逐年高涨,当年宁波主要领导曾承诺待时机合适时将杭州湾新区归还慈溪人民。现在杭州湾新区即将转型为省级最大的产业平台,与慈溪各方的利益关系更趋紧密和多样,正是实行市和区重新合一的有利时机,其结果必然会赢得慈溪社会各界和人民群众对前湾新区建设的关心和支持。这是前湾新区建设顺利推进的最大保障。**二是各方利益矛盾可以迎刃而解**。两区合一后,整个区域只设一个"钱袋子",双方成为命运共同体。这样,一方面可以摆脱各种利益矛盾的掣肘,其他各类矛盾也会比较容易被化解;另一方面会激发两区内有关各方的积极性,形成齐心协力建设前湾新区和新城的良好局面,从而使前湾新区运行效

率大增。**三是前湾新区仍能保持相对独立性**。两区合一后,前湾新区仍可实行封闭式独立运行,负责前湾新区建设的班子,在工作上仍有相当大的自主权,工作运行会比较顺畅。**四是有利于推动当地企业落户前湾新区**。在市与区各自独立的情况下,慈溪当地企业落户前湾新区的难度会比较大,层次低的企业因前湾新区门槛高而进不去,层次高的企业因很大部分业主存在前湾新区是"人家"地盘的心理而不愿意去。一旦市与区在管理体制上重新实现合二为一,这种状况就能得到有效改变。**五是有利于前湾新区拓展新的发展空间**。前湾新区在新的慈溪区范围内,如要拓展发展空间会变得更加容易。目前,除前湾新区外,慈溪四灶浦以东至慈溪滨海经济开发区(龙山镇)的北部沿湾地区,仍有非常广阔的空间后备资源,保守估计面积在250平方公里以上,这里也是发展湾区经济的极佳地块。前湾新区向东拓展优于向西拓展,因为慈溪东侧沿海湾板块发展空间更大,距离上海和两大国际海港更近,而且已规划修建直通上海和宁波的轻轨以及杭甬高速复线等交通设施,沿途还有观海卫、龙山两个小城市组团,可以提供配套支撑。更为重要的是,新区向东拓展,宁波北城和宁波南城沿着海湾向宁波主城靠拢,不但有利于优化宁波国际化大都市空间形态和结构,扩大都市规模,而且能更好地推动宁波全市域接轨上海,融入长三角。**六是技术操作相对容易**。这一类的管理体制调整不涉及行政区划,也不涉及相关法律法规,操作起来会比较容易,不会造成大的震动。

三、理顺市区利益关系的相关事项

其一,**要明确建设目的**。建设前湾新区,要始终坚持三大目的:一是落实国家长三角一体化发展大战略和浙江省委提出的大湾区发展战略;二是为振兴宁波经济、确立宁波国际化大都市在长三角城市群中的战略地位作出更大贡献;三是更多更好地造福慈溪和余姚人民。

其二,要明确目标定位。要把慈余北部地区建设成为最具现代化气息的宁波北部新城、环杭州湾地区中心城市、浙江省内体量最大和档次最高的现代产业集聚区。这一板块的终极形态要成为宁波现代化大都市的重要一极,成为长三角地区的重要枢纽,成为上海、杭州、宁波三大都市区的"中央花园"。

其三,要明确推进路径。一是要统一思想认识,把慈余地区各界人士的思想统一到宁波前湾新区和北部新城建设的重大决策上来。**二是要调整管理体制。**即要理顺慈溪、余姚与前湾新区的利益关系,建立有利于调动有关各方积极性的行政管理体制。**三是要编制整体规划。**新设立的慈溪区(含前湾新区),以及纳入北部新城建设的慈余各个板块,要作为一个有机组合的整体,聘请国内外一流人才进行统筹谋划和高标准规划,以求经得起历史检验。**四是要分步组织实施。**新的慈溪区(含前湾新区)和北部新城建设规划,要在决策形成、思想统一、体制调整和规划编制的前提下,逐步付诸实施,稳打稳扎,循序推进,争取在 2019 年能有一个良好开局,5 年后初步形成气候,10 年后发生根本性变化,力争在 2049 年即新中国成立一百周年时,基本建成具有全新形态的产业大平台和宁波北部新城。

卷二

前湾新区管理体制可供选择的三种模式

一年前,浙江省委和宁波市委将宁波杭州湾经济技术开发区、慈溪主要产业平台及中意(宁波)生态园,整合成省内体量最大的产业平台——宁波前湾新区。这一决策非常正确,对浙江及宁波全局发展具有十分重要的意义。前湾新区建立一年多以来,总体上运行平稳,发展态势良好,但目前加快前湾新区发展的主要障碍是管理体制尚未理顺。对此,我就如何破解前湾新区管理体制障碍提出如下建议,供领导决策参考。

一、破解现行管理体制障碍是当务之急

破解前湾新区管理体制障碍,理顺慈溪和新区之间的利益关系,这是当下慈溪各级干部和广大民众十分关注的热点问题,也是相关各级领导目前亟须破解的难点问题。据我所知,目前还没有形成一个比较成熟的解决方案。前湾新区现

此文为笔者向时任慈溪市委书记杨勇同志的个人建言。成文时间为2020年9月25日。

行管理体制的特征是"统分结合、分而治之"。尽管在特定阶段,这种体制有其一定的合理性和必要性,但从实际运行情况看,难以达到预期效果,主要存在四大弊端:**一是背离终极目标。**在宁波城市总体规划中,对慈溪西北部板块的终极目标定位是建成宁波大都市北部中心或副中心,这与整个前湾新区的目标定位是一致的,然而在实际运行中,辖区内存在杭州湾新区、慈溪和余姚三大利益主体,划入前湾新区的主要产业平台有5个,每个利益主体和产业平台都在追求各自的发展目标,各唱各的调,各走各的路,无法形成齐心协力共建前湾新区的局面。**二是利益矛盾突出。**前湾新区设立后,慈溪在改革开放不同时期打造的5个主要产业平台(慈溪经济开发区、慈溪杭州湾新区、慈溪高新技术产业开发区、慈溪环杭州湾创新经济区、慈溪商品市场物流园区),均被划入前湾新区。尽管目前这些产业平台多数仍归慈溪所有,但人们普遍存有被划归前湾新区的担忧,一旦担忧成为现实,慈溪在过去40多年中积累的主要发展成果将不再归慈溪所有,慈溪城市将被边缘化,慈溪经济将被"空心化",慈溪主城和多数镇街将被"碎片化"。慈溪环杭州湾创新经济区和慈溪商品市场物流园区,是慈溪主城的核心和灵魂所在。城市是一个有机体,一旦"灵魂"被抽走,城市的完整性、独立性、有机性将受到严重损害。同时,全市19个镇和街道中有10个被"一分为二",这些镇和街道原有的发展格局因此变得"支离破碎"。总之,慈溪主要产业平台如划归新区,慈溪人民的利益将无法得到保障,经济发展和民生福祉前景堪忧,而且在目前背景下,慈溪要新搞一个大的产业平台已不现实。正是这种利益矛盾的存在,使得慈溪与前湾新区难以形成齐心协力共建北部中心的局面,对前湾新区和慈溪全局发展显然是一大制约。**三是管理架构复杂**。前湾新区现行管理体制非常特殊,从表面上看是"统分结合、分而治之",实质上是"多头管理、各自为政":每个产业平台都有各自相对独立的管理机构;这些机构既要对当地政府负责,又要接受新区指挥部的统筹协调;同时,慈溪、余姚和杭州湾新区还要分别对宁波直接负责;此外,划入前湾新区的各个镇级产业平台又要对各自的镇政府负责。这样,就形成了错综复杂的管理关系,无法实施统一领导、统一管理和统一指挥,从而导致整个前湾新区运行效率低下。前湾新区指挥部的同志尽管非常敬业,但限于职权,要行使统筹职能则心有余而力不足。不久前,上级决定杭州湾新区和慈溪市主要领导由一人兼任,这对协调两地关系能起到重要作用,但由于市区利益关系没有理顺,管理机构仍然各自独立,主要领导两地往来奔波,精力牵制很大,而且无法从根本上破解体制矛盾。**四是综合效益不佳**。由于前湾新区内各个产业平台只是一种机械式的简单组合,只能产生1+1=2的"物理反应",无法产生优势互补、联动互动的"化学反应";由于慈溪和新区利益分割,前湾新区曾一度谋求另立门户,自成体系,大搞城市建设和社会事业建设,这导致慈溪原有比较完备的城市综合服务功能得不到充分利用,慈溪与前湾新区无法形成产城融合的大格局,而且造成公共资源配置的重大浪费;由于辖区内各个产业平台都有各自的管理机构,由财政供养的管理人员大量增加,行政管理成本大幅上升。正是由于上述弊端的存在,目前前湾新区的综合效益不尽如人意。据有关信息，前湾新区作为省内体量最大的产业平台，今年各项主要经济指标将被杭州钱塘新区超越。

二、明确建立管理新体制的根本目的和指导原则

构建前湾新区管理新体制的根本目的是要为实现宁波全局发展战略目标提供最有力的体制保障。这个目标就是要把前湾新区建设成为宁波大都市北部中心或副中心。把前湾新区（慈溪、余姚西北部板块）建设成为宁波北部中心的提法十年前就有，只是一直停留在书面上，没有付诸实施。当前，长三角一体化发展、湾区大开发、前湾新区设立和慈溪高铁设站四大新背景的出现，为实施这一战略目标提供了极佳的历史机遇，因此，把前湾新区发展的终极目标确立为建成宁波北部中心，具有极其重大的意义：可以为宁波大都市全局发展作出更大贡献，提升宁波在长三角城市群中的战略地位，增强城市竞争力；可以使宁波凭此跨入Ⅰ型大城市乃至特大城市行列；可以实现慈溪由县域城市向区域性中心城市转型，提升城市发展能级和档次，形成城市品牌效应，增强对各种优质生产要素的吸纳和承载能力；可以有效改变慈溪人民的生存和发展环境，大大提升当地人民的幸福指数；可以用这个终极目标凝聚人心，增强全市各级的发展信心；可以一张蓝图绘到底，一任接着一任干，避免因目标多变而迷失方向，少走弯路。综合分析历史和现实条件，把前湾新区建设成为宁波北部中心是完全可行的；终极目标一旦完成，其产生的综合效应是不可估量的。

为了实现前湾新区发展战略目标,要抓紧构建前湾新区新的管理体制。在这一过程中,我以为应遵循下列 5 个原则:**一是以城为宗的原则**。构建新体制要着眼和立足于实现建成宁波北部中心目标。这在客观上要求划入前湾新区各大产业板块和紧靠前湾新区的慈溪板块,改变目前分而治之的状态,形成一体化融合联动发展的大格局。**二是以利为轴的原则**。构建新体制的难点和焦点在于如何处理相关各方利益关系;前湾新区现行管理体制上的复杂格局,从根本上来说是由新区内利益主体多元化导致的必然结果。因此,新体制构建要以兼顾和平衡各方利益为主轴,力求达到互利共赢、皆大欢喜的目标,以最大限度地调动有关各方共建北部中心的积极性。**三是以民为本的原则**。在谋划和建设北部中心过程中,要牢固确立"不忘初心、造福人民"的理念。既要着眼于为宁波发展作出更大贡献,更要立足于造福当地人民,最大限度地让新老慈溪人民共享建设和发展成果。前湾新区 80% 以上的土地属于慈溪,这些土地在历史上均为荒滩海涂,由历代慈溪人民流血流汗围垦而成,让当代慈溪人从这块黄金宝地上获取福祉回报,既天经地义,又能更好地激发当地人民共建前湾新区的热情。**四是以效为先的原则**。科学合理的管理体制必须把握"效率高"和"效益好"两个基本点,有效化解各方利益矛盾,科学设置各类管理机构,形成高效运行的管理机制。**五是以稳为重的原则**。重大管理体制的调整,因涉及利益关系重构,若把握不当难免会引起人心躁动和社会震荡,因此,构建新体制必须把维护社会稳定摆在重要位置。

三、构建管理新体制可供选择的3种模式

构建前湾新区管理新体制,是一个庞大而艰巨的系统工程,需要破解的环节很多,但最关键的是要打破两大"壁垒",即前湾新区内要打破横亘于各个平台之间的管理壁垒,前湾新区外要打破横亘于慈溪和前湾新区之间的利益壁垒。这是矛盾焦点之所在,解决好这一主要矛盾,其他问题都可以迎刃而解。为了解决这一主要矛盾,根据上述5个原则,我以为有下列3种治理模式可供领导探讨和选择:

(一)市区联治模式

所谓"市区联治",就是市和区各自的管理辖区暂时保持现状不变,治理主体由两个变为一个,建立市区两地治理联合体,对整个辖区实施共同治理。具体操作方案是:慈溪和前湾新区在管理上完全合一,行政区划保留慈溪市建制,或将慈溪与前湾新区合并后再转型为宁波直管的行政区,可以称其为慈溪区,也可以称其为前湾区(鉴于"慈溪"这一地名已有一千多年的历史,具有很深的文化底蕴;再鉴于"慈溪"是浙江第一经济强县(市),在全国百强县(市)排名一直名列前茅;又鉴于慈溪人民对这一地名具有深厚情怀,因此建议撤市建区后尽可能保留"慈溪"的名号)。撤销前湾新区指挥部及前湾新区内各大产业平台的管理机构;建立前湾新区党工作委员会(以下简称"党工委")和管理委员会(以下简称"管委会"),与慈溪市委、市政府合署办公,实行一套班子、两块牌子,党政班子成员均同时具有两种身份;保留慈溪市人大、政协及各类司法机构设置,履职范围实行市、区全覆盖;

原隶属两地的各类行政管理机构全部实行合并重组,并分别挂前湾新区和慈溪两块牌子;财政、税收、规划、建设、组织、人事等各类经济社会事务实行统一管理。各类领导和管理机构对整个慈溪和前湾新区实行"共治",对前湾新区内以管委会名义实施管理,对前湾新区外以慈溪市的名义实施管理;经济社会发展指标统计口径保留统分结合的办法。为便于操作,减少阻力,前湾新区可以考虑暂不保留余姚中意(宁波)生态园。

这一模式主要有下列优点:一是可以保持慈溪浙江第一强县(市)和前湾新区浙江第一产业平台的历史地位。二是可以从根本上破解现行体制弊端,化解各方利益矛盾,满足各方利益诉求,有效形成齐心协力共建新区和北部中心的格局。三是可以保持慈溪市域的完整性和延续性,使慈溪人民对地域历史文化持有归属感,增强人民群众对前湾新区和北部中心的凝聚力和向心力。四是可以有效形成市区两地优势互补、产城融合的一体化联动发展新格局,极大提升前湾新区的管理效率和运行效益。五是各类机构整合归并后,可以减少管理层次和管理机构,大大节减行政管理成本,提高办事效率。这非常符合中央关于"小政府、大服务"的机构改革方向。六是操作难度相对较小,可以有效规避法律障碍,比较容易得到上级认可,而且社会震动小,能得到社会各界的拥护和支持。难点在于:"共治模式"须得到浙江省和宁波市的认可;机构整合会牵制较多精力。综上所述,我认为,此模式完全符合体制改革的根本目的和指导原则,很切合慈溪和前湾新区现阶段的特殊实情,具有一定的创造性,是破解前湾新区管理体制障碍的"上策",应予以优先考虑。但从可行性角度分析,市区合一很难实施到位,近年来,慈溪各界要求市区合一的呼声从未断过,但结果却是事与愿违,大相径庭,前湾新区与慈溪的关系不是近了,而是更加远了,对此我们应有思想准备。

(二) 市区合治模式

所谓"市区合治",就是将慈溪市和前湾新区两个治理主体和两个治理辖区完全合一,实行统一领导和管理。现域慈溪行政建制已有近70年历史,"三北"大地上的民众已有很强的地域历史文化归属感,渴望保持市域的完整性,以维护浙江第一强县(市)的历史地位。因此,绝大多数慈溪人乐意接受这种方案,但这样做的结果是前湾新区的体量成倍扩大,加上余姚的中意(宁波)生态园,总面积要突破1 400平方公里,这显然很难得到上级认可。因此,如实行这一模式,有可能会涉及行政区划调整。如上级为理顺前湾新区管理体制,决意对慈溪实施行政区划调整,那么,慈溪应超前应对,妥然处之。

其一,要理性看待区划调整。区划调整是一个比较敏感的话题,有不少人持抵触态度,短期内在感情上接受不了。其实,大可不必,根据上层建筑与经济基础、生产关系与生产力水平必须相适应的基本原理,任何区域发展到特定的历史阶段,都存在区划调整的可能性和必要性。自1949年以来,宁波及各县市区几乎都有过区划调整的历史事实。因此,对区划调整不应持简单排斥的心态,而是要理性看待,只要对区域全局和长远发展有利,对维护和发展人民大众的切身利益有利,对妥善化解各有关方面的利益矛盾有利,该稳定的就应保持稳定,该调整的就要及时调整。

其二,要合理调整行政区划。区划"该不该调整"是一个重大课题,"怎么样调整"更是一种决策艺术。我认为,如上级政府选择调整,那么,整个慈溪市域应以观海卫镇为界"一分为二",即观海卫镇(含)以东板块可以单独建区,也可以与镇海区或江北区合并;观海卫镇以西板块全部融入前湾新区[扣除东部三镇和中意(宁波)生态园,扩容后的前湾新区总面积约1 000平方公里]。这样划分非常公平合理,且能有效化解两个管理体制上的难点,即慈溪与前湾新区之间的利益壁垒,以及前湾新区内各个产业板块各自为战的管理壁垒。观海卫镇(含)以东地区,可以率先享受宁波大都市的红利,且拥有多个产业园区和丰富的旅游资源,还有大量的临湾海涂资源可供开发利用,因此,这一区域的自我发展能力会比较强劲。观海卫镇以西地区可与前湾新区完全合二为一,背靠大树好乘凉,其发展前景自然也会非常可观。

如果在观海卫镇以西板块与前湾新区合二为一以后,前湾新区体量仍然太大,得不到上级认可,那么至少中心城区各个街道应全部划入前湾新区管理范围[中心城区各个街道整体融入前湾新区后,扣除中意(宁波)生态园,前湾新区辖区面积约650平方公里,与新区现有面积大体相当]。**市区合一后,如仍保留慈溪行政建制,那么未纳入前湾新区的中心城区周边镇,仍以慈溪的名义实行管理;如慈溪行政建制被取消,那么中心城区周边镇可由前湾新区管委会托管**(托管范围涉及7个镇,扣除已划入前湾新区部分,新增托管面积约250平方公里)。

　　这里需要特别提醒的是:曾有人主张,慈溪如做区划调整,应回到1954年前的历史状态,即龙山回归镇海,掌起、观海卫等回归江北,西部未纳入前湾新区的镇(街道)回归余姚。我认为,这样的划分千万要不得,会引起很严重的后果,尤其对西部未纳入前湾新区的各镇(街道)很不公平。桥头镇(含)以西中心城区周边各镇,历史上曾隶属余姚,如果按照这些同志的主张,区划调整后,慈溪的"精华"部分将分别归属现境慈溪的东部和北部,剩下的只是一块主要由老城区、老郊区和老山区构成的慈溪市域中的"边角料",如果近70年后的今天,它以"边角料"的形态,带着近乎"一无所有"回归当年的"老家","老家人"定然不会有好脸色相待;而且,这一板块一旦划归余姚,新余姚的市治中心必然设在余姚,大批慈溪政府公务人员只能举家搬迁或两地奔波,他们的心态必然会严重失衡;同时,生活在这一板块的50余万慈溪人,也会因利益分配对他们不公而愤愤不平,届时很可能会成为不稳定因素。

　　其三,要科学构建合治体制。区划调整后,慈溪西部板块与前湾新区在管理上要完全合一。行政区划尽可能保留慈溪建制,管理上实行一套班子、两块牌子,班子成员均同时具有两种身份;撤销前湾新区指挥部及新区内各大产业板块的管理机构;建立前湾新区党工委和管委会,与慈溪党委、政府合署办公;保留慈溪市人民代表大会(以下简称"人大")、中国人民政治协商会议(以下简称"政协")及各类司法机构设置,履职范围实行全覆盖;原隶属两地的各类行政管理机构全部实行合并重组,并分别挂前湾新区和慈溪两块牌子;财政、税收、规划、建设、组织、人事等各类经济社会事务实行统一管理。如慈溪行政建制被取消,前湾新区应由产业区转型为行政区,各类领导和管理机构均实行一套班子和一块牌子。为方便操作,中意(宁波)生态园可暂不纳入前湾新区。

与市区联治模式相比,市区合治模式最大的不同有3点:一是与行政区划调整相结合;二是慈溪的区域面积将比原来减少约350平方公里,常住人口总量减少约40万人;三是管理对象已无区内区外之分,市与区成为典型的利益共同体。**这一模式的优点**与市区联治模式大体相似,体制改革比较彻底,"后遗症"相对较少,尤其对加速形成宁波北部中心建设格局极为有利。**其主要弊端有3点**:一是慈溪市域的完整性被分割,历史延续性被打断,慈溪作为浙江第一强市的历史地位将由此丧失,人们心理上需要有一个承受过程;二是具体操作的复杂性和艰巨性大于市区联治方案;三是区划调整方案能否得到国家和上级部门批准是一个未知数。综上所述,我认为,这一模式是破解前湾新区体制障碍的"中策",但从可行性角度看这是"上策",可列为备选方案。

(三)市区分治模式

所谓"市区分治",即行政区划、领导体制和两地大多数管理机构设置保持现状不变,由慈溪和前湾新区分别对各自的辖区行使管理责任;同时,为加速推进宁波北部中心建设,提升前湾新区运行效率,对下列体制进行必要调整:一是建立由两地主要领导及分管领导组成的市区统筹发展领导小组,将前湾新区指挥部转型为市区统筹发展办公室,作为领导小组办事机构，主要行使谋划、统筹、协调、督促等职能，以推动两地融合联动发展。二是从两地规划、建设等部门抽调精干力量，进驻统筹发展办公室，主要负责宁波北部中心核心区块的统一规划、建设和管理。三是建立前湾新区管委会，撤销前湾新区内原有各个产业平台的管理机构，由前湾新区管委会实行统一管理和开发。被撤平台的各类干部原则上由两地统筹安排。四是前湾新区内原属慈溪的各类产业平台的财税体制保持不变，各种收益主要归慈溪所有。

这一模式的优点有3点：一是牵涉面小，操作比较容易；二是可以打破各个产业平台之间的管理壁垒，提高新区运行效率；三是不改变两地原有的利益格局，体制改革阻力较小。其主要弊端有2点：一是改革不彻底，留下的"尾巴"很长；二是体制调整所产生的动能比较有限，与体制调整"五大原则"的要求相距甚远，未能从根本上破除体制障碍，本质上只是一种具有权宜性质的过渡性体制。综上所述，我认为，这一模式是构建前湾新区管理新体制的"下策"，在前两种模式都无法实施的情况下，可用这一模式先行探索尝试。

构建前湾新区管理体制应把握的九个要点

一、前湾新区建设与慈溪前景分析

前湾新区定位于慈溪及余姚西北部地区,其中超过80%的土地属于慈溪。这是整个宁波最具发展潜力的一块黄金宝地。在这块宝地上建设浙江省内最大的产业平台——前湾新区,对慈溪而言是千载难逢的发展良机,但同时也应看到,前湾新区管理体制如何构建,与慈溪发展前景关系极为密切。由于体制格局的确立不取决于慈溪,而是由上级决策,因此慈溪发展前景存在着不确定性,其未来走势有3种可能性:**一是**已划入前湾新区的慈溪板块整体从慈溪分离出去。这是慈溪人民最不愿意看到的局面。**二是**新区管理体制构建与行政区划调整相结合,即东部地区单独建区或与宁波其他区融合,西部地区与前湾新区合二为一。这种格局也是人们很不愿意看到的,因为慈溪作为全国第六、浙江第一

此文为前湾新区管理体制构建时的补充建议。成文时间为2020年12月1日。

的强县(市),奋斗了近 70 年后被再度分解,这让慈溪人民在感情上很难接受。三是前湾新区在实现建成目标后回归慈溪,市与区最终在管理上完全合一。这是慈溪人民最期盼的结果,但就目前条件分析,市区合一要一步到位有很大难度,比较可行的步骤是从部分融合到完全融合,分步到位。基于以上分析,慈溪在构建前湾新区新的管理体制过程中,要努力争取实现第三方案,以求慈溪有一个更加广阔而美好的未来。

二、要把握好构建新体制的目的和指导原则

前湾新区建立已有一年多的时间,尽管总体上运行平稳,发展态势良好,但现行管理体制的缺陷正在逐步暴露。针对这一状况,浙江省专门发文要求各个省级产业平台去行政化,并实行一体化管理。鉴于此,本轮前湾新区管理体制改革的根本目的是要解决好三大问题:一是要打破管理壁垒,改变新区内各个产业平台各自为战的状况,提高运行效率;二是要打破利益壁垒,理顺前湾新区与慈溪之间的利益关系,最大限度地调动慈溪人民共建前湾新区的积极性;三是要形成建设合力,尤其是市区双方要齐心合力共建宁波北部中心,为整个前湾新区发展提供最有力的城市服务平台支撑,真正实现产城融合。为实现这三大根本目的,新体制构建要坚持"五个有利于"原则:**一是要**有利于前湾新区和北部中心为整个宁波大市发展作出更大贡献;**二是要**有利于形成慈溪和前湾新区全方位融合发展的格局;**三是要**有利于将慈溪、余姚和前湾新区板块建设成为高品质、大体量的宁波大都市北部中心;**四是要**有利于明显提高整个前湾新区的开发建设和管

理效能;五是要有利于实现新老慈溪、余姚人民利益最大化。

三、对构建新体制应持有的正确态度和理念

本轮前湾新区体制改革,事关慈溪人民的前途和命运,也事关浙江省和宁波市的发展大局。为此,参与体制构建的慈溪领导干部和有关同志,应有大局意识和战略眼光,显示出卓越的胸怀和气魄,并确立下列"五个理念":不求所有,但求所在;不求能管,但求能成;不求枝节,但求根本;不求当下,但求长远;不求名分,但求实在。要让所有人都明白:不论管理体制怎样调整,前湾新区仍然是慈溪的有机组成部分;区内区外的新老慈溪人都是同一个命运共同体中的成员;只要能建立起市区统筹联动发展的领导体制和管理机制,两者之间的利益关系是可以得到平衡的;只有高水准、高效率建成前湾新区和北部中心,才是新老慈溪人民的长远和根本利益之所在。

四、体制改革方案需要把握的九大要点

一是坚持"三不变"原则,即慈溪行政区划不变,统计口径不变,司法体制不变。"三不变"原则应在改革方案中予以明确,让慈溪人民吃上"定心丸"。二是撤销前湾新区指挥部;撤销划入前湾新区各个产业平台的管理机构(包括宁波杭州湾经济技术开发区、慈溪高新技术产业开发区、慈溪环杭州湾创新经济区等);建立前湾新区管委会;被撤各产业平台的干部和管理人员,原则上由前湾新区管委会统一安排。三是凡辖区全部或部分划入前湾新区的镇和街道,均由慈溪委托前湾新区管委会实行成建制统一管理("托管"是一种管

理关系和管理权限的调整,同时也涉及市区利益关系处理,但对被划入托管范围的人民群众而言,不仅利益上毫发无损,而且还能从中受益,托管范围越大,群众受益面就越广。因此,在慈溪和前湾新区目前还无法在管理上合一的背景下,"托管"是推进市区融合的最好方法);也可以实行"半托管"的方法,即社会事务仍由慈溪管理,经济发展由前湾新区统一管理(实行大面积"托管"后,整个慈溪形成"一市两区"的管理格局,即西北部为产业区和宁波北部中心核心区,东南部为综合发展区,"两区"在行政区划上均为慈溪的有机组成部分,体制改革后慈溪在行政建制上仍然是一个完整的存在)。**四是**宁波北部中心核心区(即高铁新城板块)可以由前湾新区管委会独家统一开发建设,也可以由慈溪和前湾新区联合成立专门机构实行共同开发建设。**五是**由前湾新区实行大面积托管后,凡在慈溪划入前湾新区托管地块上发生的原有市、镇(街道)两级政府债务,原则上划转前湾新区管委会承担;如社会事务仍由慈溪承担,慈溪与前湾新区在开发建设和经济发展上的收益,要实行分成享受,而且大头要归慈溪所有。**六是**建立慈溪和前湾新区统筹发展领导小组,由兼任两地一把手的人士担任领导小组组长,由慈溪市人大、政府、政协一把手和前湾新区常务副主任担任副组长,慈溪市党政班子和前湾新区管委会党政班子全体成员为组成人员,主要负责研究决策事关市区融合联动发展的重大事项(这样可以增加市区两套班子成员的话语权,调动其积极性,塑造市区融合发展的形象,减少体制改革的阻力)。领导小组下设办公室,办公室作为常设、实体化运作的办事机构,主要负责统筹、协调、督办和服务等职能。为便于开展工作，领导小组办公室主要负责人应高配，拟由宁波副局级领导干部担任。同时，为推进市区融合联动发展，慈溪和前湾新区党政班子主要负责人，要在两套班子中相互兼职；两地党委（党工委）书记由一人兼任的体制要保持长期不变。**七是**凡慈溪划入前湾新区托管的镇和街道，实行干部任免双重管理，即提名权、考察权归慈溪市委，任免权和考核权归前湾新区党工委。这样对双方开展工作都有利，如慈溪与前湾新区在事权上做分离，双重管理显得尤为必要。**八是**为更好地统一慈溪各级思想，引导人们支持管理体制改革，建议将新建立的前湾新区管委会行政中心设立在高铁新城。**九是**待前湾新区和宁波北部中心基本成型后，整个慈溪在管理上与前湾新区实行完全合一，时间可确定在2035年左右。这一条要求希望在批复方案中予以明确，这样更容易统一慈溪各界的思想。

五、要明确下一步的工作步骤

下一步的工作建议分三步走：**第一步**，慈溪市主要领导亲自出面，就改革方案进一步征求四套班子主要成员和部分有代表性老同志的意见，就慈溪向上级提出的改革完善方案达成共识。**第二步**，慈溪就改革完善方案与前湾新区管委会进行双向对接，向上级主要领导和分管领导逐一汇报，据理力争，赢得他们的理解和支持，并要求尽快以正式文件形式下达改革最终方案。**第三步**，待改革方案下达后，成立强有力的工作班子，先逐层通报方案，后分项付诸实施，力争在2021年3月底前操作到位。

卷三

杭州湾大湾区发展战略全面实施，前湾新区建设正式启动，慈溪将迎来前所未有的历史性大变局。

慈溪要争做发展湾区经济的排头兵

杭州湾大湾区发展战略的提出,为慈溪创造了千载难逢的发展良机。作为地处杭州湾经济区前沿和核心板块的慈溪,要立足发挥自身优势,抢抓机遇,捷足先登。

一、实施湾区经济大战略对慈溪意义尤为重大

加快发展以杭州湾为重点的湾区经济大战略的实施,将对慈溪全局和长远发展产生深远影响,具有极其重大的意义。

其一,有利于提升慈溪在长三角城市群中的地位。目前的慈溪尽管已跨入Ⅱ型大城市的行列,但本质上仍是一个县域城市,在长三角城市群中只是一个"小配角"而已。随着大湾区战略的全面实施,长三角一体化发展进程会明显加快,湾区内外各大板块之间的交流合作势必会更加频繁,这为慈溪由原来的封闭型县域城市转型为区域性、枢纽型中心城市

此文根据笔者在湾区经济研讨会上的发表整理而成。成文时间为 2022 年 12 月。

创造了条件,慈溪的地位和作用与以往相比将不再同日而语,世人对慈溪的关注度自然也会水涨船高。慈溪境内的东部海域,可以建成万吨级港口,早就被列入开发计划,但至今仍未动工。大湾区战略启动实施后,这一项目会加速实施,慈溪没有万吨级海港的历史就会终结,这在一定程度上可以增强慈溪在区域中的竞争力。

  其二,有利于慈溪加快融入长三角一体化发展进程。接轨大上海、融入长三角,是20年前浙江省委发出的号召。由于受客观条件的制约,最初几年中慈溪几乎没有什么动作,吸引长三角地区尤其是上海的优质资源落户少之又少。相反,自2008年杭州湾跨海大桥贯通后,慈溪有不少企业流向湾北地区,其中慈溪籍人士在上海创办的各类企业据说有数千家之多。随着浙江省内最大的产业平台前湾新区落户慈溪,尤其是沪浙合作发展区落户前湾新区,这种局面有望得到明显改观。可以预料,今后慈溪与长三角地区双向互动的产业项目会明显增多。慈溪拥有丰富的海涂资源和海湾航行资源,如单凭慈溪的力量,这些资源短期内的利用率不会太高,而且开发的项目档次也不可能太高。现在在宁波杭州湾经济技术开发区的基础上建立起来的前湾新区,将形成新的格局:前湾新区的体量大,为浙江全省之最;前湾新区的规格高,为省级新兴经济开发区;前湾新区将获得各方更高的关注度,区域内公共基础设施的配置会更多地引起各级政府部门的重视,整个发展的软硬环境会逐步得到优化和完善,昔日的闭塞之地将转而成为受到国内外普遍关注的一方热土和黄金宝地,这对于慈溪融入长三角一体化进程,显然是非常有利的。

其三，有利于推动慈溪城市和产业格局的转型升级。大湾区战略出台后，慈溪高铁设站已成定论，高铁新城建设规划编制已经开始，前湾新区内沪浙合作发展区已经划定，面积达50平方公里之多。这一切，都将全面推动慈溪的城市和产业转型：一是由封闭型的县域城市转型为开放型的区域性、枢纽型中心城市；二是城市规模加速大幅扩张，至2035年建成区面积可望达到200平方公里，城区常住人口有望突破200万人，成为名副其实的新型大城市，慈溪全域城镇化水平可望达到80%以上，第三产业增加值也会借此实现大幅增长；三是新兴优质产业项目会大量增加。一旦慈溪成为湾区经济的一方热土，其开发价值和产出效应会成倍增加，中高端新兴产业项目会大量进入，慈溪在全国百强县中的地位势必会进一步提升。

其四，有利于增加慈溪对宁波发展大局的贡献份额。慈溪人口规模居宁波首位，而地区生产总值却排在第3位，2022年比鄞州和北仑分别少213亿元和109亿元；主体部分在慈溪境内的前湾新区，用地规模达604平方公里，居浙江省内第一，而2022年的地区生产总值为832亿元，比用地面积只有532平方公里的杭州钱塘区少394亿元。我认为，这种局面有望在今后5年中得到改变，并在3个方面增加慈溪对宁波的贡献份额：一是对宁波城市建设作出更大贡献。根据规划，近年中慈溪境内已经或即将启动与前湾新区密切相关的两大城市板块，即由慈溪负责开发的高铁新城和由前湾新区负责开发的世纪新城，总规划面积达120平方公里。如此大体量的城市开发建设板块,在慈溪发展史上绝无仅有。我们可以展望,到2035年,一个富有现代气息的宁波北部新城将在慈溪崛起,成为宁波大都市的重要一极,从而使宁波城市由单极成长转为双极崛起,城市的结构形态也会发生质的改变。**二是**对宁波经济发展作出更大贡献。前湾新区作为省内最大的产业平台,将产城融合和市区联动作为重要抓手,项目开发、产能培植必将达到历史的高峰,第三产业也将迎来新的突破。据此判断,新一轮经济发展的高潮即将在慈溪地面掀起,有望为宁波经济增长作出更大贡献。**三是**为宁波融入长三角一体化发展作出更多贡献。前湾新区内的沪浙合作发展区以慈溪为主开发建设,同时,由于慈溪是宁波接轨大上海、融入长三角的"桥梁""纽带"和"门户",这种区位优势可以更好地帮助宁波在实施大湾区发展战略中居于主动地位。

二、慈溪发展湾区经济的独特优势

在宁波各县市区乃至在我国整个东部沿海地区,慈溪发展湾区经济的先天条件是非常优越的,主要有下列五大优势:**一是区位优势**。慈溪的区位特点可以用两句话表述,即**长三角城市群中的重要节点城市,环杭州湾地区的区域性中心城市**。人们对于"重要节点城市"的提法不会有任何异议,因为它基于客观事实;对于"中心城市"的提法,有人可能会不太理解,其实慈溪是"环杭州湾区域性中心城市"也是客观事实,因为杭州湾呈三角洲形状,三个角角尖处分别是上海、杭州和宁波三大都市,而大三角的几何中心就在慈溪。这种区位条件注定了慈溪可以在大湾区经济社会发展中承担一些其他地区难以承担的关键功能。**二是集聚优势**。慈溪的区位优势非常有利于集聚更多的人流、物流、信息流,有利于各类生产要素的流动和汇合;将来跨海高铁、城际铁路和地铁建成通车后,这种优势会更加明显。正是在这种集聚优势带动下,慈溪城区人口规模已超过百万人,成为我国首批4个县级大城市之一,且新慈溪人在常住人口中几乎占了一半,本地人口占比在4个县级大城市中高居榜首。同时,更多的产业项目正源源不断地向前湾新区汇集,集聚优势将会更加明显。**三是资源优势**。慈溪最显著的资源优势是土地后备资源极为丰富,可以凭借自然淤涨的杭州湾海涂再造一个慈溪。这是钱江大潮对慈溪人民的馈赠。杭州湾在钱塘江大潮的作用下,每天有两次潮涨潮落,每一次涨落都会在海湾南侧底部积淀约三分之一铜板厚度的淤泥,因此,慈溪北部的湾底每天都在往上涨。这种自然淤涨是无法靠人为改变的。保守估计,慈溪后海至少还可围垦40万亩(约267平方公里)海涂。这种空间资源优势是长三角地区任何其他县市所不具备的,它体量巨大且又临近宁波舟山港和上海(洋山)港,最适合布局各类开放型、外循环的产业项目。正是依靠这一优势,浙江省已定下要在慈溪北部开辟一个全省用地面积最大(604平方公里,其中大部分在慈溪境内)的国家级产业平台。这是响应湾区经济大战略的一个大动作,产业平台一旦建成,对城市发展将产生巨大的综合带动效益。**四是产业优势**。湾区经济本质上是一种开放型经济,是需要与国内外联动互动的经济。慈溪是工业重镇,以"智造慈溪"

闻名天下,产业外向度较高,尤其是家电产业,全球约60％的小家电产自慈溪,并就近通过宁波舟山港运往世界各地。显然,慈溪的产业结构与发展湾区经济的要求相吻合,必然会伴随前者的发展而不断跨上新的台阶。**五是人文优势**。慈溪是围垦城市,慈溪人的祖先大多是移民,因紧靠海湾,世世代代以海为生,对海洋有着特殊的情怀。先天基因世代相传且日益强化,当代慈溪人的开拓精神和开放心态因此呈现得格外显著。宁波是一个在全国很有代表性的商业城市,清代五口通商口岸中就有宁波。这种全民经商的传统显然非常切合发展湾区经济的需求。据有关资料披露,近代以来,涌入上海并创业成功的人士中,大多是宁波籍尤其是镇海、慈溪和余姚人。这当中,地理因素固然起了重要作用,但起决定作用的则是传承的人文基因。

上述五方面的优势,决定了慈溪应该而且必须成为发展湾区经济的排头兵。自中国共产党浙江省第十四次代表大会提出要加快以杭州湾为重点的大湾区发展战略后,慈溪市委、市政府积极响应,在第一时间明确提出要将慈溪城市由封闭型的县域城市,转型为环杭州湾地区的区域性中心城市。浙江省政府做出决策后,慈溪市委、市政府马上付诸行动,迅速对"环杭州湾创新中心"进行大幅扩容,配套建立了面积近20平方公里的创新经济区,并对北部东侧片区进行总体规划,提出要"打造一个产业城、再造一个新慈溪"。对此,慈溪人民充满期待,同时也渴望为宁波加快发展湾区经济作出更大贡献。

三、争做发展湾区经济排头兵的对策举措

慈溪的综合优势,决定了慈溪有条件成为排头兵,而且从全局和长远发展大势分析,慈溪必须成为排头兵,因为对慈溪而言,这是千载难逢的大机遇。

其一,要抓紧调整发展格局。自1980年代以来,慈溪的经济重心曾有过三度转移:最初将经济重心放在329国道两侧,当时提出要搞一个"百里经济长廊";1990年代初将经济重心移向中横线附近,从东到西布局了十几个大小不一的产业平台;1990年代末又将经济重心移向北部滩涂,规划建设了一个面积达230多平方公里的慈溪杭州湾新区,2004年在慈溪东部规划并启动建设了一个面积约40平方公里的慈东工业区。2010年慈溪杭州湾新区划归宁波直接管理,转型为宁波杭州湾新区,至此,慈溪发展重心又由北向南回归,在中横线附近相继建成了三个产业平台,即慈溪高新技术开发区、慈溪商品市场物流园区和慈溪环杭州湾创新经济区。现在浙江省内最大的产业平台落户慈溪,又将三个新建平台全部划归前湾新区。鉴于此,慈溪在客观上需要对原有发展格局再做新的调整,从现有条件分析,应该有3个调整方向:一是将四灶浦以东沿湾板块转型为由慈溪全权管理的产业平台,开发面积应不少于200平方公里;二是对浙江慈溪滨海经济开发区进行扩容,与西侧临湾产业平台融为一体;三是对中横线两侧由各镇街道开发的产业平台,由市里实行全面整合并统一管理。走好这三步棋,因前湾新区设立而导致的慈溪发展空间严重不足的问题就可以有效得到解决。

其二，要积极推进市区联动。前湾新区与慈溪唇齿相依，血脉相连，可以使慈溪今后发展"背靠大树好乘凉""近水楼台先得月"，因此，慈溪与前湾新区必须相向而行，优势互补，相互联动，融合发展，从而实现1＋1＞2的"化学反应"。一是要将前湾新区中仍由慈溪管理的部分如沪浙合作发展区、原属慈溪的三个产业平台等开发好、建设好和管理好，使之成为整个前湾新区承担综合服务功能的核心区之一，为整个新区建设作出更大贡献。二是要发挥好慈溪主城对前湾新区的配套服务功能，凡前湾新区发展所需要的教育、医疗、文化、购物、居住等需求，尽可能地由慈溪主城承担，以大幅减少前湾新区的建设成本，提高老城各类资源的利用率，并借此加强市区之间的相互联系。三是要抓紧调整产业结构，大力发展为前湾新区主导产业服务的配套产业，拉长产业链，从而使市和区成为利益共同体。

其三，要加速推动城市转型。高速跨海大桥通车、高速铁路设站及长三角城际铁路建设，为慈溪由县域城市向区域性中心城市转型提供了极佳条件，为此，推进城市转型发展应作为战略重点，抓紧启动三点举措：一是要做大中心城区规模。中心城区周边各镇要尽快撤镇建街，全面实行街道管理体制，有关城市规划、建设和管理等职能归市级统管。二是要高标准建设高铁新城，作为宁波市的三大城区之一，前湾新区两大核心区之一的高铁新城板块一定要高起点谋划、高标准建设，力争后来居上、最美最好，成为宁波大都市中最亮丽、惊艳的城市板块。三是重视发挥好区域性中心城市的枢纽作用，在高铁新城板块，要尽可能充分地配置好面向长三角地区的城市服务功能,为整个长三角地区的联动、互动创造条件,同时也可借此推动慈溪服务业由内循环向外循环转变。

其四,要大力发展对外合作。城市一旦转型,对外合作机会就会大大增加,按照"接轨大上海、融入长三角"的要求,慈溪在扩大对外合作方面要有大举措,大动作。一是要精心打造沪浙合作发展区。加强与上海各大产业平台的联系与交往,发挥两地合作示范区空间资源丰富的优势,与上海各区级产业平台联合开发高新技术项目;为上海的一些重点企业在慈溪开设生产加工基地。要抓紧启动沪浙合作发展区的前期准备工作,尽早挂牌运行。二是加强与长三角一体化发展统筹协调机构的联系,派专人常驻上海,保持密切联系,增进感情联络,促使统筹协调总部对慈溪的关注和支持,以求得更多的发展机会。三是要尽快建立对外交流合作非设机构,与沪浙合作发展区管理机构合署办公,主要负责与长三角地区的全方位合作事宜。通过建立跨区域企业家联谊会,与上海、南京、杭州、合肥等地的高校或科研单位建立定期交流机制等途径,寻找和拓展更多的合作机会。

打造一座产业城
再建一个新慈溪

慈溪环杭州湾创新中心(以下简称"环创中心")成立于2016年6月。这是慈溪市委、市政府谋划慈溪"十三五"规划时做出的一项重大战略决策。为使这一决策落到实处,推动环创中心更好、更快发展,慈溪市委市政府决策咨询委员会于近期做了专题调研。

通过近2个月的调研考察、专家咨询和分析研讨,调研组对环创中心运行状况及发展模式提出以下5点结论和建议。

一、环创中心转型发展态势喜忧并存

环创中心成立一年来,在慈溪市委、市政府的高度重视及有关部门和街道的大力支持下,通过环创中心全体干部员

此文由笔者与杨利登和李小平先生合作完成,并以慈溪市委市政府决策咨询委员会的名义,向慈溪市委、市政府提出专项建议。此建议被慈溪市委、市政府部分采纳,环创中心辖区面积由原来的8平方公里扩大到17.4平方公里。成文时间为2017年6月。

工的积极努力,总体发展态势非常喜人,但同时也存在着诸多困难和挑战。

形势喜人具体表现在:**一是园区规模由小变大。**新园区扩容后,文化商务区、科教园区、明月湖板块、万亩畈生态园等四大平台融为一体,总面积由1.6平方公里扩大到8.6平方公里,园区生产要素承载能力明显提升。**二是对外引力由弱变强。**新机构挂牌后,产业项目引进取得明显进展,各方客商纷至沓来,平均每天接待商务客人10余批次。目前,注册入驻企业已由原来的400家左右增加到1 000余家,吸引各类白领员工超过1万人,租用商务楼近30万平方米,商务楼整体入驻率已超过50%。**三是产业门类由少变多。**体制转型后,各类新经济业态大量涌入,产业门类已涵盖信息科技、文化创意、电子商务、金融创投、教育健康、时尚商业等领域,为园区发展注入了新的活力。**四是发展档次由低变高。**"一镇三街五城"的发展框架已初步形成。"息壤小镇"创建已列入宁波特色小镇培育名单,正在申报浙江省级特色小镇第三批创建名单;金融创投街区、文化艺术街区、时尚商业街区逐步形成;科技城、创意城、电商城、健康城和时尚城建设正在循序推进。八戒国际创意园、浙创3D产业园、数梦工场浙江消防物联网云计算一级远程控制中心、上林英才创业园、阿里巴巴慈溪分公司、宁波(中东欧)邮政跨境电子商务创新园、物联网品牌孵化园、瑞士国际生命健康中心(中国)等项目已入驻。2015年8月批准成立的慈溪市广告产业园于2016年4月被认定为浙江省广告产业园。国家级电子商务产业示范基地已申报创建。**五是双创氛围由淡变浓。**一批以传播创客文化为主题的公共艺术方案正付诸实施;与新浪网共同策划举办"创意中韩论坛",吸引了中韩两国500余位专业文化人士参与;赛和轴承网全球发布会于近日举行;与阿里巴巴共同举办余慈跨境电商峰会,1 000余位外贸进出口企业代表应邀参加;与宁波大学合作举办的全国首家湾区经济研究院宁波大学宁波湾区经济研究院,已开始揭牌运行。区域内"创客码头""人和567"等一批众创空间开始运行,码头孵化器吸引入驻创业企业已有30多家。

尽管环创中心成立以来开局良好,成效显著,但在运行中也面临着诸多困难和挑战:**一是发展空间明显偏小,可用资源非常有限**。从空间资源看,表面上园区规模已成倍扩张,但实际可供开发和产业布局的土地资源已所剩无几。原有四大板块中,文化商务区板块可用于开发的只剩下109亩(约7.3万平方米);万亩畈生态园定位为城市公共开放式绿地功能,不能搞开发建设;明月湖板块已挂牌出让多数土地,目前只余下500多亩(约3.3万平方米)土地可供开发;科教园区主要用于布局高等教育机械和科研院所。从财力资源看,目前中心资金积累非常有限,可供挂牌出让的土地很少,而房地产业仍处于低迷期,依靠土地出让实现滚动发展的潜力不大;现有入驻企业尽管数量众多,但大部分尚处于起步阶段,可征税收短期内微乎其微。**二是设施配套明显滞后,软硬环境尚不理想**。从区位条件来看,由于高铁慈溪设站尚未定局,城际轻轨尚未贯通,对外交通还相对不便。从内部交通条件来看,园区内网络化道路系统尚未形成,各板块之间主要通道尚未贯通,辅助路不多,断头路不少;环区公交路线少、班次少、站点少,城市公共自行车交换点尚未在区内布局。从公共服务设施配套水平来看,联盛广场等商业综合体项目已经搁浅;教育、医疗、娱乐、休闲等公共服务设施尚不完备;园区内及周边单身公寓严重短缺,廉价出租房供不应求;公共停车位严重不足,文化商务区板块日间已车满为患;公共食堂和公共厕所规划建设均未到位。从文化环境来看,公共文化建筑群尚未交付使用,其他公共文化平台也严重缺乏,业余社交等文化生活单调乏味,尤其是到了夜间整个园区冷冷清清。从服务效能来看,项目报批环节多,落地跟踪配套服务滞后,推进速度缓慢。如宁波大学科学技术学院项目,因受多种制约,建设进度比原计划延误一年,学院教育和招生计划受到影响。由于软硬环境不理想,不少外来人才入住才几个月就选择相继离开。八戒网引入环创中心后,原计划有几百家相关合作企业会跟随入驻,但半年过去了,跟随入驻企业还不足30家,而且大多是本地企业。**三是机制建设相当薄弱,运行效率有待提高**。决策机制未落实,挂牌伊始,曾建立环创中心领导小组,但目前这一机制尚未得到有效落实,中心每有重大事项都要分头找有关领导和有关部门汇报和协商,精力牵制很大。协调机制未建立,环创中心体制特殊,没有法律授予的相关职权,许多事项推进需要与有关部门和街道进行对口沟通协调,同样要耗费大量的精力和人力,办事效率大打折扣。合作机制未到位,环创中心还未与环杭州湾地区各大创新产业平台建立协作关系,许多对外联络事项带有很大的随机性,园区发展仍处于封闭运行、孤军奋战的状态。管理机制不健全,环创中心尚未建立园区内各类工商企业的登记制度、统计制度和税收征收制度；园区各类企业党组织、群团组织、商会组织建设尚未摆上位置；入园企业与环创中心管委会尚处于相互游离状态，缺乏应有的向心力和凝聚力。**四是工作力量严重不足，专业人才非常紧缺。**从力量配置看，环创中心现有工作人员只有40余人。自机构转型以来，各项事务千头万绪，堆积如山，既要抓招商引智和企业服务，又要抓项目推进和社会管理，还要接待各方来客。据环创中心工作人员介绍，接待领导考察、来客参观和商务洽谈最多的一天有20多批次。大部分同志一直处于"5+2""白+黑"的状态，工作节奏高度紧张，有些干部员工由此产生心理疲劳，萌发要求调离的念头。从人员构成来看，机构转型后，环创中心的管理职能、范围和内容发生了很大变化，而大部分机构工作人员为原文化商务区指挥部人员，三分之二以上人员所学专业为规划建设类，精通招商引智和企业管理的专业人才严重短缺，尤其是懂新经济、新业态的专业招商人员几乎为空白。招商合作科人员不足且都是"生手"，开展工作显得力不从心。

通过对环创中心一年来运行情况的综合分析，课题组得出的结论是：市委、市政府建立环创中心的决策是完全正确的，园区发展总体是健康的，成效是显著的，但现行管理体制、园区格局和发展模式与其所承担的历史使命已不相适应，发展步履维艰，必须实行新一轮管理体制和发展模式转型。

二、环创中心战略地位必须明显提升

在本次调研中，课题组专门赴宁波南部商务区和北京中关村海淀科技园等先行地区做专题考察,向有关专家进行专题咨询,并对当前宏观趋势和慈溪发展现状进行了分析研究,由此深化了对建设好环创中心重要性、必要性和紧迫性的认识,为此向市委、市政府建议:**要明显提升环创中心在慈溪全局发展中的战略地位,举全市之力将其打造成为大规模、高档次、多元型、品牌化的一流产业大平台,这应成为全市上下的共识和当务之急。**理由有以下4个方面:

(一)提升慈溪在长三角城市群中的战略地位,必须要有一个一流产业大平台

在国务院到地方各级政府近期出台的城市规划中,慈溪城市能级被确定为中等城市,纳入上海大都市圈的七大板块之一,并与余姚和杭州湾新区一起确定为宁波北部副中心。这为慈溪长远发展指明了方向。与此同时,我们更应该清醒地看到,急剧变化的外部环境正在为慈溪城市发展创造诸多有利条件:

其一,"湾区经济"正在向慈溪扑面而来。利用深水良港和广阔腹地发展湾区经济是世界经济发展的基本轨迹。美国纽约湾、旧金山湾和日本东京湾就是依靠有利的湾区先天条件而发展成为世界经济高地。与世界各地的著名湾区相比,杭州湾的发展前景更为广阔。杭州湾拥有两大位列世界前五的深水良港,又有钱塘江、黄浦江和长江等流域极为广阔的发展腹地,有望成为"天下第一湾"。据此,最近召开的中国共产党浙江省第十四次代表大会明确提出要谋划实施大湾区建设行动纲要,强调要"重点建设杭州湾经济区"。慈溪发展"湾区经济",具有得天独厚的三大优势:一是区位条

件优越。慈溪是长三角城市群中的重要节点城市，地处杭州湾三大都市圈的核心地带。随着该地区各个城市群组团和各个产业平台之间交往与合作日益增强，慈溪有望成为整个长三角地区的"立交互通"、连接各大城市的枢纽。**二是空间资源广阔**。杭州湾慈溪板块，利用海涂资源开拓发展空间潜力巨大，可以新建一批高档次的产业大平台，以吸纳和承载各类优质生产要素。**三是产业基础雄厚**。宁波杭州湾经济技术开发区已成为国家级一流产业大平台，慈溪也是全国综合实力十强县市，产业总体发展水平在沿海地区相对领先，与国内外优质生产要素对接互动的能量巨大。依托这三大优势，形如馒头状的慈溪板块有望成为整个杭州湾区的"陆家嘴"，其发展前景极为可观。

其二，长三角城市群正在迅速崛起，慈溪必将从中受益。长三角城市群已跻身世界六大城市群之一，而且发展后劲十足，整体活力很强，可望在今后几十年中取代美国东北部大西洋沿岸城市群、北美五大湖城市群、日本太平洋沿岸城市群等大城市群，成为世界最重要的经济中心之一。随着整个长三角城市群的崛起，必然会出现三大趋势：全球范围内各种类型的著名企业会加速向长三角地区集聚，以寻求新的发展机遇；长三角城市群中上海、南京、杭州、宁波各大都市会加速功能外移、要素外溢，以拓展新的发展空间；整个长三角地区各城市组团将逐步呈现联动发展、融合发展和错位发展态势，各类优质生产要素会加速相互流动。这必将给地处长三角节点区位的慈溪带来极佳的发展机遇。

其三，长三角地区大交通建设新格局，将使慈溪区位优势得以凸显。"湾区经济"大趋势和长三角城市群崛起两大有利因素，能否为慈溪所用，很大程度上取决于慈溪的区位优势，而新一轮长三角地区大交通建设规划，将使这一愿景转化为现实：通苏嘉甬高带铁路慈溪设站有望成为事实；贯通慈溪北部地区的杭甬高速复线宁波段即将动工；途径慈溪中心城区西侧的慈余高速复线即将通车；连接上海、宁波大都市的沪甬跨海铁路将要付诸实施。慈溪不久将被纳入上海、杭州、宁波等三大都市一小时交通圈。对慈溪而言，高铁一通，全盘皆活，"火车一响，黄金万两"，慈溪城市的有形和无形资产将得到大幅提升，慈溪区位优势将明显凸显，对吸引外来优质生产要素将产生极大的推动效应。

综上所述，慈溪内外发展条件正在急剧变化，千载难逢的机遇正在向慈溪招手，历史已把慈溪发展推向了"风口"。面对新形势，需要我们审时度势，积极应对，其中最重要的应对举措就是要抓紧打造一个大规模、高档次的一流产业大平台。没有大平台就招不到大项目，引不进大企业，做不成大产业。只有依托大平台做大、做强、做实产业，慈溪在长三角城市群中的战略地位才能得到有效确立和提升，才能在湾区经济大潮中勇立潮头，捷足先登。

（二）慈溪经济发展要重振雄风、再创辉煌，必须要有一个一流产业大平台

自2008年世界金融危机以来，慈溪经济增长连续多年处于低迷状态，2017年虽有所回温，但增势不强，发展后劲依然不足。慈溪各界为此信心低迷，忧虑重重。两年前，宁波

市委要求慈溪实行"二次创业",实现"二次腾飞",全市各级部门也为此做了努力,但两年过去了,成效并不明显,困境仍未从根本上得到破解。为什么困境迟迟得不到摆脱?根本原因在于我们还没有找到一个能够撬动全局发展的"支点",还没有在借助外力发展慈溪上取得突破,尤其在吸引高商、大商、名商落户慈溪上没有取得大的进展。究其原因有 6 个方面:**一是思想观念未能与时俱进;二是区位优势尚未凸显;三是企业投资运行成本偏高;四是金融生态已严重受损;五是综合配套环境尚不理想;六是慈溪还缺乏一个大规模、高档次、多元型、品牌化的一流产业大平台**。综观当下区域竞争态势,"平台之争"已成为主旋律。同属慈溪的宁波杭州湾经济技术开发区,近几年之所以在吸引高商、大商、名商上取得重大突破,根本原因就在于它是一个具有很强规模品牌效应的国家级产业大平台。国内其他综合实力十强县市,大多建有若干个产出上千亿、几千亿的国家级或省级产业大平台,而慈溪是目前唯一没有国家级产业平台的全国十强县市,也是宁波各县市区中尚无宁波市战略性产业平台的两个县市之一(另一个是象山县)。常住人口规模不到慈溪一半的宁海县,在近年中利用有限的空间资源,依托三门湾建成了总面积达 700 多平方公里的宁波南部滨海新区,目前大项目入驻园区,态势非常强劲。与慈溪市毗邻的余姚市,近年依托滨海新区等产业大平台,相继引入华为、吉利等著名企业,投资产出上百亿的高技术产业大项目已启动实施。与此相比,慈溪市在产业平台建设上缺乏大气派、大手笔,自宁波杭州湾经济技术开发区分离出去后,目前市域内 30 几个产业集聚平台,几乎都是"小打儿""小闹儿""小儿科",缺乏足够竞争力。慈东滨海新区勉强跻身省级平台行列,但由于地理位置偏、环境配套差、集聚效应弱,少有有影响力的著名企业问津;慈溪高新技术产业开发区由于起步迟,目前也未形成气候;其他分布在全市各地的各类产业集聚平台,绝大部分规模小、档次低、配套差、产出低,只是一些低层次的本地企业集聚板块,其生命力日益减弱。由于大平台建设明显落后,慈溪市在吸引高商、大商、名商上显得非常被动。宁波杭州湾经济技术开发区和宁波经济技术开发区引入世界500强企业分别达到14家、48家,而慈溪市全部产业平台到目前为止还仅有5家,其中工业领域仍是空白。鉴于此,慈溪市委、市政府在谋划"十三五"规划时,决策建立慈溪环杭州湾创新中心,指望其成为创新驱动市域经济的主平台和主动力。然而,就环创中心现有发展格局分析,其规模偏小、档次偏低、环境偏差,集聚力、承载力和辐射力非常有限。已经入驻的千余家企业,平均每家员工不足20人,注册资本不足300万元,租用商用办公楼不足300平方米。稍有知名度的阿里巴巴(中国)网络技术有限公司、猪八戒股份有限公司等企业目前还未达到预期效应,而引入世界500强企业至今还是空白。人往高处走,水往低处流,在日益激烈的优质要素竞争中,高商、大商、名商对产业平台选择的要求越来越高。环创中心现有格局,"码头"太小,无法"藏龙卧虎","功率"太弱,有如"小马拉大车",要吸引高商、大商、名商是难上加难。鉴于慈溪目前在产业平台建设上的落后态势,尽快谋划建设一个大规模、高档次的一流产业大平台已是当务之急。

（三）加快推进慈溪城市和经济转型发展，必须要有一个一流产业大平台

实现城市和经济转型发展是慈溪当前迫切需要破解的大课题。过去几十年中慈溪城市建设和经济发展取得了显著成效，已跨入中等城市和全国综合实力十强县行列。然而，目前慈溪城市和经济发展格局的缺陷也显而易见：城市开放度不足，依然是一个较为典型的县域城市；中心城市首位度不高，集聚辐射效应非常有限；城市品质尚不理想，优质生产要素外溢现象突出；产城融合度低，城市经济发育迟缓，第三产业比重一直徘徊在38%左右；传统低端产业仍占主导地位，外来优质生产要素尤其是高商、大商、名商落户慈溪少之又少。为改变慈溪现有发展格局，慈溪市委、市政府在谋划"十三五"规划时，首次提出将慈溪建设成为长三角区域性中心城市；中国共产党慈溪市第十四次代表大会，将建设"创新活力之城、美丽幸福慈溪"确立为今后五年的总体奋斗目标。这两大决策具有很强的"对治"性，是实现慈溪城市和经济转型发展的根本对策。如何把根本之策落到实处，突破口和主抓手就在于建设一个规模化的一流产业大平台。产业大平台建设，必将对慈溪转型发展产生巨大影响：**一是可以有力地推动慈溪向区域性中心城市转型**。一流产业大平台在建设过程中和建成后，必将与环杭州湾地区周边城市乃至整个长三角地区，产生广泛而深刻的经济文化联系。在这一过程中，慈溪可以凭借先天区位优势，在新谋划的产业大平台中，布局一些促进区域之间协作互动的城市功能，从而使慈溪成为名副其实的区域性中心城市。**二是可以有力地促**

进产城融合,加速培育和发展城市经济。新谋划的一流产业大平台是中心城区的重要组成部分,主要用于布局中高端服务业、新经济产业和高科技智造业,一旦付诸实施,产城融合发展的新格局就可以逐步形成。**三是可以加速改变慈溪本土传统型企业"一统天下"的经济格局,推动整个经济转型升级**。建设一流产业大平台,旨在借助外力发展慈溪,旨在吸引国内外高商、大商、名商,旨在使其成为撬动慈溪经济发展的"主杠杆"。通过大量引入外来优质生产要素,实现产业基因再造,可以将慈溪经济由相对单一的本地传统型经济,转型为内外融合的混合型经济,并使产业层次明显提升。**四是可以有力地提升城市品质**。在新谋划的一流产业大平台中,大部分板块目前仍是一张白纸。通过高起点规划、高标准建设、高水平管理,按照"一流"标准,可以使慈溪成为高品质、地标性、品牌化的城市功能区,从而使城市宜居、宜业、宜乐水平大幅提升。**五是可以有力地扩充人才总量和优化城市人口结构**。引入众多高商、大商、名商后,国内外优秀人才会随之而来,各类以中青年为主体的中高端白领人才也会相继落户慈溪。这对强化人才支撑、优化城市人口和劳动力结构是非常有利的。

(四)实现慈溪与宁波杭州湾经济技术开发区联动融合发展,必须要有一个一流产业大平台

自 2010 年宁波杭州湾经济技术开发区实行封闭独立运行后,发展态势非常强劲,区内规模实力型企业成批涌现,汽车、航空、现代旅游等高层次产业迅猛发展,新城建设已粗具规模。2017 年宁波杭州湾经济技术开发工业销售额将超过

3 000亿元。宁波杭州湾经济技术开发区迅速崛起，对慈溪而言，既是一种压力，更是一种机遇。慈溪可以"近水楼台先得月"，就近承接宁波杭州湾经济技术开发区大产业的辐射和带动。慈溪与宁波杭州湾经济技术开发区有着千丝万缕的渊源关系。这种渊源关系决定了两地应该成为命运共同体和经济联合体，两者的关系应该由相互竞争转化为相互协作。鉴于宁波杭州湾经济技术开发区已成为名副其实的产业"航空母舰"，慈溪有必要拓展胸怀，放下身段，甘当配角。目前，慈溪各界人士对市区联动融合发展呼声很高，有关方面也提出过诸多建议和对策，但真正行之有效的实质性举措还比较缺乏。课题组认为：**为实现联动融合发展，两地应建立战略同盟，在产业布局上相互配套，在资源利用上相互支持，在项目引进上相互推介，在创新模式上相互借鉴**，真正形成规划共绘、资源共享、基础共建、产业共谋和机制共创的共享共荣局面。与此同时，慈溪还应抓紧建立与宁波杭州湾经济技术开发区配套的大规模、高档次产业平台，以实现两地产业相互对接。环创中心作为一个综合性产业平台，理应成为两地产业对接、联动融合发展的最佳载体。然而，由于其现有格局太小，"功率"太弱，与"航空母舰"式的宁波杭州湾经济技术开发区明显不相匹配，无法有效承担起与宁波杭州湾经济技术开发区相互对接、联动发展的重大使命。基于这一点，将环创中心打造成为一流产业大平台更是题中之义。

  基于以上四方面分析，课题组建议：**慈溪市委、市政府要将环创中心由一般性配套园区转型并上升为宁波市战略性一流产业大平台**。对目前慈溪市内各个产业平台的综合条件进行分析后可见,环创中心具有得天独厚的优势:一是区位相对优越。环创中心南接慈溪中心城区,可以获得相对完备的生产和生活配套服务;北靠杭州湾新区,可以就近承接杭州湾新区高层次产业的辐射。二是交通相对便捷,环创中心已经建成和规划中的高铁、轻轨、高速公路、快速通道等重大交通设施贯穿其中,对内对外交通极为便利。三是环创中心周边有众多产业平台可供整合,发展空间广阔,旧城旧村拆迁改造成本相对较低。四是环创中心内有高校和科研院所等资源,可以提供人才和技术支撑。五是环创中心已经集聚了一批新经济产业,其发展活力已初步显现。总之,环创中心发展前景非常可观,是慈溪建设一流产业大平台的最佳选择。

三、环创中心发展定位须做深化研究

环创中心战略地位提升后,与之相关的空间规模及功能、目标定位等都要做相应调整。

其一,拓展空间定位。鉴于慈溪外部环境正在发生急剧变化,还鉴于慈溪区位优势即将显现,环创中心的空间定位也要做大的调整。就慈溪经济发展全局而言,产业布局重心要由329国道两侧,加速向中横线两侧和城市北部重要交通节点进行战略性转移。中横线已成为慈溪中部横贯东西的交通主轴,两侧空间资源丰富,旧城旧村拆建成本低,区位上又紧靠正在迅速崛起的宁波杭州湾经济技术开发区,其开发前景十分广阔。随着高铁、轻轨、高速公路等现代重大交通项目的实施,其在慈溪发展中的重要战略地位将进一步凸

显,势必成为慈溪最重要的经济大动脉,有望成为慈溪新的"百里经济长廊"。这一战略一旦实施到位,可以在空间上与宁波杭州湾经济技术开发区实现无缝对接,宁波市区两地南北呼应,联手打造一个"航空母舰"式的万亿级产业大平台,发展成为名副其实的杭州湾区"陆家嘴"。对于宁波市区两地的繁荣发展而言其意义非同小可。基于这样一个大的战略思考,环创中心发展空间要大规模扩张,可以考虑以环创中心为"轴心"和"奇点"呈扇形向外扩张,把中横线两侧产业板块和整个慈溪东北部环杭州湾板块全部纳入新产业园区。具体包括:一是环创中心周边产业平台(慈溪高新技术产业开发区,慈溪商品市场物流园区,智慧谷和会展中心,中心城区及周边街道、镇老工业区板块);二是新潮塘江、四灶浦江和新城河两侧待开发板块;三是拟建高铁站、轻轨站和新建慈溪客运中心周边板块;四是中横线两侧产业板块(周巷、桥头、附海、观海卫、掌起、龙山等镇工业区);五是四灶浦江以东至龙山环杭州湾板块[正大慈溪现代农业生态产业园及周边板块,规划中的慈溪杭州湾港区(海黄山码头)临港型新经济板块,浙江慈溪滨海经济开发区等]。空间规模力争扩大到300平方公里左右。今后根据形势发展,在适当时机还要向湾区海涂拓展,从而在空间布局上从东、南两个方向与杭州湾新区逐步融合。

  以上范围作为一个有机组合的经济功能区,行政区划不做调整,总体规划编制一步到位,管理体制调整可以分步实施。借鉴北京中关村的管理模式,对于纳入园区的各镇、街道工业集聚区,现阶段管理机构仍保持相对独立,待市镇利益共享机制建立后,根据需要逐步纳入新园区统一管理。

其二,明确目标定位。鉴于环创中心战略地位和所承担的重大使命,必须要确立一个总体发展目标,为平台长远发展指明努力方向。总体目标可以表述为:通过努力,成为撬动慈溪全局发展的主引擎、环杭州湾地区"创新航母"、大湾区经济重镇、宁波地区体量最大且特色鲜明的新经济集聚板块、长三角城市群中颇具影响力的品牌产业园区,力争五年内跻身国家级产业大平台行列。具体内涵可以表述为"五化":一是实现规模化。园区规模要达到国家级产业园区标准,总面积力争达到300平方公里左右,使园区对各类优质生产要素的集聚力、承载力明显增强,园区运行"功率"大幅度提升。二是实现品质化。按照省内一流产业平台标准和"缺什么、补什么"的原则,对整个产业园区进行高起点规划、高标准建设、高水平管理,对引入园区的各类生产要素严格把关,对入驻园区的各类企业和优秀人才提供全方位的一流服务,使园区综合品质跻身一流产业平台行列,使园区对高商、大商、名商的吸引力明显增强。三是实现多元化。通过整合一批产业平台和新建一批特色产业园,使各大功能板块成为一个有机整体,改变目前各个小规模产业平台相对独立、孤军奋战、势单力薄的状态,实现功能优势互补、产业相互配套,进而形成先进智造、现代农业、现代物流、现代旅游、文化商务、金融创投、科研教育和生态涵养等多元共存的新经济产业格局。四是实现品牌化。知名度是一种极为重要的竞争力和吸引力。通过内强实力、外塑形象,以一流品质、一流服务、一流产业、一流人才扬名于整个长三角地区,以增强对优质生产要素的"虹吸"效应。**五是实现高效化**。依托一流产业大平台,推动慈溪城市和经济加速转型,从根本上改变城市经济发育滞后的被动局面;中高端规模化创新企业成批涌现,高商、大商、名商落户园区取得突破;各类人才总量大幅增加,五年内新增各类中高端人才力争突破10万人;园区产出效益成倍增加,先进智造业板块亩均年产出突破600万元;五年后园区地区生产总值力争达到全市二分之一以上;慈溪作为区域性中心城市的地位得以初步确立。

其三,调整功能定位。具体可表述为"五区":**一是转型发展示范区**。强化务虚研究和智库建设,对园区发展的各类相关体制、机制、模式、动力等各个方面进行全方位的探索创新,尤其要在城市转型和新经济培育等方面取得突破,在互联网+、电子商务、现代物流、文化创意、产业孵化、园区开发建设等领域形成一批有影响力的创新成果,多个门类力争跨入全国先进行列。**二是高端产业集聚区**。通过建立市镇利益共享机制,出台相关激励政策,鼓励分布在各个镇(街道)小平台的传统优势企业逐步转移到新的产业园区,使之有更好的发展环境,逐步做大做强。通过大力招商引智,吸引国内外高商、大商、名商,尤其是具有重要带动效应的著名大企业落户园区,使产业结构明显优化,中高端产业大量集聚。**三是产城融合实验区**。慈溪四大城市平台(中心城区、周巷镇、观海卫镇、龙山镇)目前主要集聚了为人们日常生活服务的传统型产业,这些产业门类少、档次低,对区域经济的贡献少。新的产业大平台要着力破解这一难题,大量引入智造、科技、教育、医药、文创、金融、旅游等城市新经济产业,以推动产城融合。**四是总部经济汇集区**。总部经济集聚水平是衡量一个城市发展档次的重要标志,也是带动区域经济发展的重要力量。目前慈溪市中心城区总部经济还非常薄弱,应予以大力发展。随着园区发展档次提升和慈溪区位优势显现,慈溪发展总部经济可以有所作为。为此,新园区要在拟设的高铁站附近,规划布局一个规模适度的总部经济集聚板块,出台激励政策,鼓励引导市内外有影响力的重点企业逐步落户。**五是市区联动先行区**。作为慈溪与宁波杭州湾经济技术开发区联动融合发展的有效载体,新的产业平台要与新区各有关平台建立行之有效的联动机制。首先要致力于把自身平台做大做强,形成独特优势,并按照优势互补、互惠互利、合作共享的原则,全方位建立相互协作机制,并承接新区溢出的优质生产要素,为今后市区一体化打下基础。

环创中心扩容后,为使其名副其实,**建议改其名为"宁波环杭州湾新经济产业城"(简称"杭湾新城")**。这样命名该产业平台的理由如下:冠之"宁波",可以使新产业园区上升为宁波市战略性产业平台,得到宁波在政策上的支持,同时,借力"宁波"这座沿海港口城市较高的国际知名度,有利于新产业园区的对外招商;冠之"环杭州湾",是因为"杭州湾"是一个国际著名地理品牌,目前已引起国际的高度关注,发展杭州湾大湾区经济已被确立为浙江省经济发展大战略,而慈溪恰恰地处杭州湾区的核心地带,比其他地区更有条件抢占"湾区经济"发展制高点;冠之"新经济",为的是体现该园区的产业特色,以弥补宁波地区规模化新经济集聚板块尚处空白的短板,实现错位发展,形成特色优势;冠之"产业城",为的是体现园区的空间规模和发展档次,以展示慈溪人民再造一个"新慈溪"的雄心壮志(环创中心这一名称容易被人误解为一个研究机构,不利于对外招商,但鉴于其已有一定知名度,为体现延续性,牌子应予保留)。

四、构建杭湾新城运行机制是当务之急

环杭州湾新经济产业城建立后,当务之急是要抓紧构建新的体制和机制,以确保这一重大战略得到落实。

其一,建立新的管理体制。一是重新组建管理机构。园区扩容后,纳入新园区的原各产业平台管理机构全部撤并,重新设立园区管委会。为争取新园区列入宁波战略性产业大平台,新园区管理机构要升格为正市级,由市委书记兼任园区党委书记,市长兼任园区管委会主任,确定一名精明强干、熟悉经济工作的副市级领导干部专任管委会常务副主任。按照配齐、配强管委会班子的要求,班子其他成员在全市范围各部门、各镇(街道)中择优选配。**二是调整内部机构设置。**被撤并的各产业平台管理机构干部员工,全部划归新园区管委会统一管理,按照人尽其才的原则进行优化组合,人员总编制控制在200人左右。按照园区所确定的功能和机构所承担的职能,管委会设立现代智库、招商引智、开发建设、对外联络、综合服务、企业管理、社会事务、财务审计、组织建设、后勤保障等内设机构,机构级别为正局级。**三是设置部门派出机构。**为提高办事效率,市级各主要职能部门要派驻工作人员进入园区,建立园区行政服务中心及各行政执法部门派出机构。**四是新建一批国资公**

司。对纳入新园区的原有各个产业平台和今后新开发的产业板块,都要分别建立公司化运作的资产管理运行机构,由管委会统一管理,独立运作,实现国有资产保值增值。园区管委会总部成立国有金融控股公司,吸纳社会资本入股,共同参与城市开发、产业经营,滚动发展,不断做大做强,力争上市。**五是实行封闭独立运作。**由市委、市政府对园区管委会充分授权,凡纳入园区统一管理的各大产业板块,各项事务由管委会全权负责。

其二,健全决策协调机制。一是重新建立园区发展领导小组。由市委、市政府主要领导、分管领导及市级各主要相关部门和有关街道主要负责人组成。领导小组下设办公室与管委会办公室合署办公,主要负责重大事项决策前的方案准备及相关会务工作。领导小组定期召开会议,每季度不少于1次。**二是建立快速协调机制。**为使决策事项尽快落实,不仅须高效推进园区重大项目、重点工作,还要建立由领导小组各组成单位负责同志组成的联席会议制度。联席会议由管委会常务副主任牵头召集,定期和不定期举行,每2个月不少于1次,遇有时间紧迫的重大事项,可以随时召开协调会议。协调事项前期准备工作由管委会办公室负责。

其三,强化招商引智机制。新园区战略目标的实现,很大程度上取决于招商引智的规模和档次。为此,要将吸引高商、大商、名商落户新园区作为园区管委会首要职能和中心任务。**一是强化招商力量。**组建一支富有战斗力的专业招商队伍。管委会设立招商局,专职人员要精明强干,不少于15人,可以在全市各有关部门和镇(街道)选调。招商局要与市商务局合作互动,市商务局引入的优质项目原则上要布点于新园区。**二是落实招商责任**。市委、市政府对园区管委会及市级各部门、各镇(街道)每年都要下达招商任务,并将任务完成情况作为单位主要负责人年度工作业绩考核的重要依据。要落实全员招商制度,园区管委会及各镇(街道)、各部门,都要动员本部门、本单位全体干部员工积极参与招商引智。对于优质项目引进有功人员,要给予物质奖励和精神鼓励,每年要组织评选招商引智"十佳优胜单位""十大功臣",并在年度会议上进行隆重表彰,以在全市范围形成人人关注参与招商的浓厚氛围。对高商、大商、名商,特别是对慈溪发展能产生重要带动效应的大项目,市委、市政府主要领导和分管领导要全程参与客商接待,并负责项目推进和全程跟踪。**三是创新招商方式**。加强与在外慈溪籍精英人士的联系,鼓励他们为家乡发展多作贡献;充分发掘项目信息,招商局要确定专人对来自各种渠道的项目信息进行数据汇总、梳理分析,建立起项目信息库,凡是有价值的项目信息,要确定专人盯住不放,密切跟踪,全力公关,力求突破;在北京、上海、广州、深圳等一线城市建立招商代办处,探索建立园中园、托管园、飞地园等招商机制,在北京中关村等创新平台要建立飞地孵化器,鼓励各地创业者将研发中试阶段成果落户慈溪。**四是强化项目评估**。招商局要向市内外聘请一批高层次的专业人士,实行第三方评估,对引入项目在科技含量、发展前景、产出效益及项目可行性等方面进行全方位的项目评估,特别是对一些重点项目,要确立"未经专家评估不得轻易引入"的原则。**五是完善招商政策**。制定出台宁波环杭州湾新经济产业城招商政策,以慈溪市委、市政府名义发布,以增强政策的权威性和号召力。

其四,创新开发建设机制。园区扩容后,新园区的各大板块由管委会实行统一规划建设和开发管理。**一是建立园区建设品质保障机制**。凡纳入园区的各大功能板块和各个产业平台,由园区管委会规划建设局实行统一规划、统一建设、统一开发和统一管理。园区总体规划、分区详细规划的编制和各个重点建设项目的设计方案都要面向国际一流的品牌规划设计单位招标,聘请国内一流专家充分论证评估,择优选用。原各大产业平台建设规划要同步修编,以更加科学合理。**二是建立土地储备机制**。建立园区土地储备中心,通过整合园区内闲置土地和新征建设用地等途径,大规模增加中心土地储备总量。中心城区老工业区等板块要实行功能转换,"腾笼换鸟",相关土地由园区统一回购。抓紧实施新一轮海涂规模化围垦,为园区后续发展提供空间资源保障。借鉴宁波南部商务区经验,园区某些产业板块实行高密度开发,容积率力求达到5.0,以提高土地资源的使用效益。**三是探索开发建设新模式**。以城市基础设施和城市土地一体化开发利用为理念,提高城市土地资产的附加值和出让收益。探索实施"PPP+XOD"等复合型开发新模式,增强可持续发展能力。探索园区国有资产与社会资本股份合作新模式,联合开发建设园区某些特定功能板块。引入国内外大财团、大企业,对园区功能板块进行综合性规模化开发建设。

其五,建立对外合作机制。依托环创中心与宁波大学合作举办的全国首家宁波大学宁波湾区经济研究院,倡议设立

"湾区经济国际论坛",并争取将慈溪确立为永久性"湾区经济国际论坛"会址,定期组织国内外专家务虚交流,借此为慈溪造势。倡议建立环杭州湾地区创新联盟,吸引该地区各个城市组团、各大创新平台和有关高等院校及科研院所共同参与,加强交流合作,同心协力打造杭州湾经济区,努力实现共生共荣。通过组织召开相关峰会以及联合举办地方特色产品展销推介会、地区性体育运动会、城市文艺调演等重大活动,加强与环杭州湾地区各城市组团和产业平台的联系,以逐步确立慈溪区域性中心城市的对外形象。通过建立产业对接机制,加强与周边城市各大产业平台尤其是杭州湾新区的产业对接,以实现产业项目资源共享,各大平台功能优势互补。建议将"东海之滨'小硅谷',杭州湾畔'陆家嘴'"作为新园区的形象广告词,通过多种方式和途径,如组织开展大型招商活动,积极参与长三角地区重大商务活动,在国际性重要媒体上进行宣传推介,在重要交通节点做广告展示等,积极向外推介宁波环杭州湾新经济产业城的综合优势,提升园区知名度,形成品牌效应。

五、优化新城发展环境应摆上突出位置

新建一个产业城必须要有一流的发展环境。为吸引国内外高商、大商、名商和优秀人才落户宁波环杭州湾新经济产业城,当务之急是要大力优化其发展的内外环境。

其一,要牢固确立雄心壮志。一是要统一思想。慈溪发展正处于一个极为关键的历史转折时期,何去何从将决定慈溪今后的"升降沉浮"。在这一大背景下,"打造一个产业城,再建一个新慈溪",是慈溪迎接"湾区经济"大潮,抢占战略制高点,"重振三北雄风、再创慈溪辉煌"的最佳战略选择。为此,慈溪市委、市政府应于近期安排多个层次的务虚研讨,进而使全市各级对实施这一重大战略决策达成高度共识。**二是要转变观念**。思想观念落后、胸襟眼界狭窄、服务意识薄弱、办事效率低下,是目前制约慈溪干事创业的主要障碍。若不加以破除,这一重大战略决策就难以落到实处。为此,要在全市广大干部、各行各业和重点企业中广泛开展"重振三北雄风、再创慈溪辉煌"的大讨论,组织全市各级领导干部分期分批赴北京、上海、深圳、杭州等大都市学习考察,拓宽视野,转变观念。引导人们破除坐井观天、夜郎自大、小富即安、无所作为等思想障碍,牢固确立"干大事、创一流"的雄心壮志,在全市上下形成齐心协力"想大事、创大业"的浓厚氛围,进而为"打造一个产业城,再建一个新慈溪"打下坚实的思想基础。**三是要强化保障**。举全市之力打造一流产业大平台,人、财、物等各类资源配置要向新的产业平台全方位倾斜。强化舆论保障,利用各类会议、各种媒体广泛宣传构建一流产业大平台的重大意义,使之成为全市人民的广泛共识。强化组织保障,将全市范围内最富理想、最有激情、最肯担当、最想干事、最能干事的优秀干部选调到园区,使之成为干劲十足、活力四射的"战斗堡垒";市级四套班子全体成员,要在市委、市政府统一安排下,共同参与新园区建设,与新园区各个产业板块和重点项目建立对口联系,帮助排忧解难,督促建设进度,确保新园区各大建设项目顺利推进,尽快形成气候。

其二，要切实强化服务功能。一是要落实综合性治本措施，根治落户企业办事难、办事慢、效率低的"顽症"。新园区要在行政管理体制改革上大胆创新，开通行政审批服务绿色通道，探索实施项目入驻"零审批"制度，坚决贯彻落实企业办事"最多跑一次"举措，为全市深化行政管理体制改革做出示范。重点项目要确定专人代办各类注册登记和审批手续，以提升外来创业者的满意度。二是要建立重点项目跟踪服务机制。每个重点项目都要建立项目推进领导小组，并确立常务联系人，全程跟踪项目进程；对重点项目要按照"谁引进、谁负责"的原则，由引入者全程跟踪服务，遇到问题提前介入，主动帮助解决。三是要大力倡导亲商文化，营造亲商氛围。市级四套班子成员、市级各有关部门、园区管委会要加强与入驻园区重点企业业主的感情联络，经常组织开展各种形式的联谊活动，帮助他们解决事业上、工作上、生活上所遇到的各种难题，以增强他们的向心力和归属感。

其三，要加快完善配套设施。一是要大力改善交通运输条件。尽一切努力，争取通苏嘉甬高速铁路经慈溪并设站；争取慈溪连通上海、宁波大都市的沪甬跨海铁路项目尽快付诸实施；全力公关，争取慈溪杭州湾港区（海黄山5万吨级深海码头）尽早立项动工。抓紧启动中心城区贯通杭州湾新区的新城大道北延工程，加速两地生产要素对接流动。重新编制新园区交通建设专项规划，打通区域内的断头路；尽快规划设立园区内城市公交首末站，开通到余姚高铁站、杭州湾新区、长途客运站及重点乡镇的城乡公交线路。建立园区微循环公交系统,开设循环接驳电瓶车,设立城市公共自行车交换点,以为园区从业人员的内外出行提供便利。与此同时,在相关功能板块,规划建设一批停车场地,尽快开放地下公共停车场,以破解文化商务区停车难题。**二是要尽快完善园区内的生活配套设施。**在新园区内选择合适地段,规划建设一个专供园区使用的高端人才公寓,并新建一批单身公寓及公租房和廉租房。鉴于目前文化商务区板块入驻的企业规模小、数量多,要尽快开辟若干个公共食堂,以解决员工"用餐难"问题。又鉴于园区内公共活动空间大而公共厕所少,要抓紧规划建设一批高档次的绿色公共厕所。**三是要引进优质中小学校和著名医院。**名校名院是吸引高商、大商、名商的有效载体。为增强吸引力,新园区要选择合适地段,引进布局若干个国内外知名中小学校和著名医院,为园区内住户和创业者提供高品质的基础教育和医疗卫生服务。

其四,要精心塑造园区形象。环境是吸引人、留住人的第一要素。**一是要做好绿化文章。**做好园区地面绿化工程。生态园区绿化要有规模,主要道路两侧绿化要有档次,河岸湖边绿化要显层次,并以城市绿道为纽带,把区域内各大板块连成一体,形成绿肺、绿廊、绿地融为一体的格局。**二是要做好亮化文章。**公共文化建筑群要加快建设进度,并尽快交付使用。已初步建成的文化商务区板块要统一装饰楼宇灯带,布置道路景观树灯等,让园区"亮"起来;借鉴杭州钱江新城经验,将喷泉、水幕、楼宇屏幕和灯饰融为一体,展示园区夜景魅力。**三是要做好亲水文章。**利用园区内多江河湖的天然优势,打造一个多功能的水上乐园;依托新城河、潮塘江、明月湖、四灶浦江，开通水上巴士线路；在水岸沿线打造景观廊道，布置错落有致的亭、廊、栏、椅，使步、憩、赏、游动静相宜，既美化风景，又增添人气。**四是要做好文化文章**。在文化商务区、万亩畈生态园及科教园区等板块要规划建设一批展示地域文化内涵的城市雕塑，把慈孝、围垦、青瓷、移民和创客等地域文化元素注入其中，以营造富有地域特色的文化氛围，丰富园区文化内涵，展示一流产业大平台的良好形象。

慈溪现阶段发展应予以重点关注的几个关键问题

非常赞同刚才各位老领导的宝贵意见,同时也非常感谢杨书记对我们老同志的尊重和厚爱。**当下的慈溪,正处于重大转型期和极佳机遇期,但同时也处于矛盾突现期和艰难爬坡期**。所以,您(杨书记)的到来,既有天时、地利、人和的一面,更有困难诸多、挑战严峻的一面。因此,首先期待您(杨书记)在慈溪有长远作战的思想,带领185万慈溪人民,走出一条新路,开创慈溪新辉煌。作为市委书记,应主抓运筹帷幄和战略谋划,如果局限于事务、招商、应酬,很可能看不清方向,找不到路径。因此我想从这个角度,围绕今后一个时期的发展战略,谈几点非常粗浅的想法,供您(杨书记)参考。

一、关于战略目标

"十三五"时期,慈溪市的战略目标定位是把慈溪建成环杭州湾区域性中心城市,我认为这个定位是正确的。五年即将过去,中心城市的目标有没有实现呢?我认为,从地理区

此文根据笔者在时任慈溪市委书记杨勇同志主持召开的老干部恳谈会上的发言录音稿整理而成。成文时间为2020年6月。

位角度看,慈溪在环杭州湾地区的中心位置正在日益凸显,但从综合实力和城市地位角度看,我们离环湾中心城市的目标还差得很远,同5年前相比没有发生质的改变。现在内外条件已发生显著变化,因此要立足新形势,编制好"十四五"规划,并确立与之相配套的战略目标。慈溪今后五年比较现实的战略目标是什么呢?经过思考,我建议将这一时期的战略目标确定为"四个最":一是最具潜力的宁波大都市北部副中心;二是最具活力的省内现代产业大平台;三是最具效率的沪浙合作示范区;四是最具影响的浙江湾区经济发展领头羊。这"四最"实现了,环湾中心城市的大目标就能成为现实,我们对此寄予厚望。当然,那个时候的"中心"和现在的"中心"不是一个概念,现在周边没有一个城市承认慈溪是中心城市,事实上这个"中心"也不是靠嘴巴说说就能成立的,而是要靠实力来证明的。

二、关于战略抓手

建议在今后5年中,要以创新、开放、融合作为推动全局发展的三大抓手。

其一,要抓创新。只有创新才有活力,才有动力,才有出路。目前慈溪内外条件正在急剧变化,新的机遇在不断涌现。但是,慈溪积累的困难和矛盾明显增多,新的增长点非常缺乏,让人看不到前路在哪里、出路在哪里;发展后劲不足,许多领域正处于僵滞状态,活力不足、动力不足,因此必须强化创新驱动,凡是与又好又快发展相抵触和冲突的一切领域,如产业体系、城市格局、管理体制等,都要进行改革创新。建议市委在近期就全面创新做一次系统研究和谋划,并做出相关决定,以起到引领作用。

其二,要抓开放。把借助外力发展慈溪、吸引先进生产要素、打造混合型经济新格局摆上更加重要的战略位置。经过对外开放40多年,慈溪经济在拓展国际市场方面富有成效,但出去多而进来少,在引进外来先进生产要素方面相形见绌,时至今日,整个经济格局仍以原生态、本土型经济为主。这与慈溪市原有的综合发展环境不佳密切相关。这样的格局不破,慈溪就不会有太大的希望。目前慈溪的内外条件正在发生质的改变,高铁即将建站,机场正在立项,杭州—宁波高速公路已经开建,沪甬跨海铁路已列入规划,长三角一体化和湾区经济大发展已成为国家级和省级大战略。这一切都表明,前所未有、千载难逢的历史性大机遇正在向慈溪招手,因此必须抓紧走大开放的发展路子,面向上海,面向长三角,面向全国,面向全球,大规模引进各类优质生产要素,进而形成对外开放新格局,为加快发展注入强劲动力。

其三,要抓融合。我讲的融合有2层含义:**一是市区要融合,力求形成一体化的发展格局**。市与新区目前在形式上同属一个行政区域,但在管理上各自独立,两者的利益是一种相互割裂、相互对立和相互竞争的关系。实践表明,在特定时期新区相对独立有它的合理性,但发展到现在这个阶段再搞分而治之,就不符合城市化发展规律,对双方都不利,对慈溪伤害更大。因此,在新的条件下,只有尽快形成市区联动发展、融合发展和一体发展新格局,才能使以外生经济为主的新区和以本土经济为主的市区优势互补,产生1+1>2

的互动和联动效益。二是市域内其他区域的各类生产要素要加快向中心城区、前湾新区和3个小城市组团融合和集聚,尽快形成规模优势,形成拳头,形成对外竞争的合力。慈溪目前的城市和产业格局,最大的不足是分布太散、规模太小、档次太低,这导致各类资源配置不科学、不合理,综合效益很不理想。有的人机械地理解地区间的均衡化发展,那是失之于偏。地区均衡化发展对于全国而言很有必要,非常正确,但是落实到县市一级再搞均衡化,再遍地开花地搞建设,就不会有城市化。城市化的本质就是"集聚",就是此消彼长、此起彼伏,如果分得过散,就无法产生联动和综合效应。对此,一定要确立融合发展的理念,对现有过于分散的要素集聚格局有计划、有步骤地进行整合和调整,以尽快确立中心城区的首位效应和城市的规模效应。

三、关于战略举措

在今后较长一个时期,要一以贯之地落实好四大战略举措。

(一)第一个战略是要大力优化发展环境

对于一个地区的发展,政府的主要责任是优化环境,现在外部环境条件正在向有利于慈溪的方向转变,慈溪的内部环境优化也必须同步跟上。优化发展环境的内容很多,因时间关系,我主要讲两个环境。

其一,要优化体制环境。优化体制环境主要体现在3个方面:一是市区合一。要建立市区融合发展的体制和机制。现在杨书记兼任两地首长,"人"字形的领导架构已经形成了,为两地最终合一创造了重要条件,我们有信心在不远的将来让新区重新回归慈溪,或者由慈溪抱团新区,合则两利,分则两败。在目前情况下,我觉得有几件事情可以做。**形成"人"字形领导体制**,这个事情已经做到位了。**形成一体化的决策体制**,事关市区两地发展的所有重大事项,要以两地党委联席会议的形式共同决策,建议两地决策研究机构联合办公。**形成统筹的规划体系**,力争实现两地空间规划一张图,两地规划和资源部门要建立联系沟通机制。**形成双向流动的干部管理体制**。新区划归宁波以后,双向流动停止了,实际上这是很不利的。慈溪干部有慈溪干部的优势,新区干部也可以到这里来,双向流动对保持干部队伍活力是有好处的。**研究建立利益共享的财政税务体制**。对于利益分割,同心协力的可能性很小。为什么现在慈溪的企业到杭州湾新区的很少?有的不想去,有的去不了,这与两地利益分割是有关系的。**二是撤市设区**。目前形势下率先在慈溪撤市设区具有重要战略意义,但内部认识并不是很统一,有的人不愿意靠向宁波,希望慈溪由省里直管。目前的形势需要我们抱团取暖,慈溪不可能"抱"上上海,"抱"上杭州也很难,所能"抱"上的只能是宁波。宁波是一个很有发展潜力的大都市,为什么不能靠宁波呢?所以在这一轮的撤市设区中,慈溪要争取第一个完成。我分析,撤市设区对慈溪来说有五大利好:**有利于引进高端项目和高端人才**。**有利于大幅提升城市资产价值**。杭州湾新区独立之后,城市资产大幅缩水,政府经营城市的难度很大。政府资金为什么现在这么紧张?15年前,慈溪的房产均价在省内处于最高层次,现在处于最低层次，在宁波县市区中也最低，其原因与杭州湾新区低价出让土地、大规模搞城市建设有必然联系。**有利于**政府和新区盘活存量资产和扩大融资规模，使政府更好地经营城市。**有利于**宁波大市公共资源配置向慈溪倾斜，即使税收体制做一些调整，从大局看，还是很有必要的。**有利于**调动广大公务人员积极性，区的待遇和县市的待遇不一样，普通干部期盼变区。我建议市委在这个问题上要主动向上级争取，尽快实现慈溪撤市设区。**三是撤镇设街**。撤镇设街的目的有两个：一是迅速扩大中心城区规模，培植城市规模优势；二是提升城市建设档次，培植城市品质优势。由镇搞建设与市统一搞建设的档次完全不同，为了规模优势和品质优势，要把横河、匡堰、桥头、逍林、胜山、新浦等镇都融入中心城区，实行街道管理体制，从长远看，这肯定是利大于弊。

其二，要优化文化环境。文化是城市的主要软实力，也是城市的灵魂。当下重点要抓三个门类的文化，即特色文化、社区文化和时尚文化。**一是特色文化**。慈溪2000多年的历史孕育了五大地域特色文化，即围垦、移民、慈孝、徐福和青瓷文化，其中最有历史存在感和国际影响力、最具地域特色的是青瓷文化。鉴于此，慈溪市的城市形象口号可以确定为"秘色瓷都、智造慈溪"。建议市委、市政府要高度重视青瓷文化这一地域文化品牌建设。现在慈溪越窑秘色瓷文化促进会正在筹建之中，这是由政府做后盾的民间社团组织，希望得到市委、市政府及各部门的重视和支持。**二是社区文化**。文化是用来"化"人的，文化建设要坚持以人为本，面向基层，面向社区，面向市民，大力构建社区公共文化服务体系,让市民在参与、体验和享受各类文化生活中,提升幸福指数和自身素质,增强对城市的认同度和归属感。**三是时尚文化**。杭州曾经提出建设"时尚之都"的口号,大连也有这样的提法,而宁波从未提过这类口号。为什么要提时尚文化?因为现代社会最有活力的主流群体是青少年,青少年大多向往时尚。嘉善西塘古镇的人流不息,游客大多是青少年,他们不是冲着古镇去的,而是冲着古镇里的时尚文化去的,因为古镇里到处都是充满时代气息的咖啡吧和演艺厅,很受年轻人的喜欢。如果在前湾新区中选择合适板块搞时尚文化,策划得好,一定会对周边地区形成吸引力,通过努力,要争取将宁波北部新城打造成"**浙东时尚之都**",虽然宁波北部新城现在还是一片空白,但是一切都可以从头开始,只要看准了人的需求,就一定能成功。

(二)第二个战略是大力推进城市建设

当下国内区域竞争的焦点已不再是一个个具体的项目和人才,而是城市规模、品质和品牌之争。把城市做大、做精、做优,是优化内部环境的重中之重。城市建设好了,优质项目和优秀人才会自动找上门来。**目前慈溪城市的主要不足是规模不大、功能不全、品质不高、品牌不响,放眼国际和全国竞争态势,我们很难有较强的竞争力**。因此,今后较长一段时期,要把推进新型城市化、**建设现代化大城市**、**建成宁波大都市北部副中心**,作为全局各项工作的主旋律和主攻点。有些人不敢提大城市的发展目标,这未免有些保守。事实上,现在前湾新区和慈溪合计城区人口总量已超过 100 万人,慈溪成为大城市是很现实的,为什么不敢提?慈溪中心

125

城区远期人口目标是 100 万人，前湾新区远期人口目标是 120 万人，扣除重叠的 40 万人，实际共有 180 万人左右。建成组团式的、以中心城区和世纪城为核心的大城市既是非常必要的，更是完全可能的。**一是市和区在城市建设上要形成合力**。新区城市布局要与慈溪市区相向融合，城市重点建设区块要布局于新区南侧，力求与慈溪主城和周泗小城市板块无缝衔接，新区社会服务功能主要应由市区合建而成的中心城区承担。如果搞分而治之，新区要自立门户，自成体系，其结果必然是两败俱伤，市和区谁也成不了大城市。**二是要高起点谋划建设高铁新城板块**。这一板块定位一定要准，建设起点一定要高，力求后来居上、最美最好，力争成为宁波最靓丽的城市板块。高铁新城各类功能配置一定要达到一流大城市的标准，力求 50 年内不落后。如能这样，宁波北部副中心就落在其中了。**三是慈溪中心城区旧城旧村改造要加速推进**。目前，慈溪主城城中有村，村中有城，城不像城，村不像村。据不完全统计，中心城区还有旧村 30 多个，严重损害了城市形象，因此必须咬紧牙关予以破解。

（三）第三个战略是大力拓展发展领域

一是充分利用好各类湾区资源，四灶浦以东至龙山的沿湾空间资源如何开发利用，要进行超前研究。海黄山港口建设要摆上位置。海黄山海域可建万吨级码头，经科学论证后，要尽快立项上马。二是把高铁新城建设作为拉动经济发展新的重要增长点。三是大力发展文化旅游产业，这一领域大有可为。四是重视镇级工业集聚区的整合提升，并探索建立由市区统一托管的管理模式。

（四）第四个战略是大力塑造开放格局

我理解的开放，不是简单地走出去或引进来，而是指要将慈溪大门进一步打开，走大循环的发展道路，加强与长三角地区各类城市的交流合作和互动联动，同时也加强与全国和全球的交流交易和合作。凡是来慈溪发展的都是慈溪人。**一是**沪浙合作发展区不要被动等待，而要主动出击，积极推动在省级层面建立交流合作机制。**二是**加强政府层面与环湾地区各县市的交流与合作，发起建立地区发展联盟，可由各县市轮流做盟主。**三是**推动环湾地区企业家的合作互动，推动建立跨区域企业家协会。**四是**前湾新区要充分布局面向杭州湾和长三角的外循环服务功能。

努力构建高水准的现代公共文化服务体系

文化是城市的灵魂,是城市最为重要的软实力,也是新形势下最重要的民生工程之一。党的十八大把文化强国建设摆上了极为重要的战略位置;十八届三中全会通过的《中共中央关于全面深化改革若干重大问题的决定》,把构建现代公共文化服务体系作为文化领域体制机制创新的四大任务之一;今年年初中共中央办公厅、国务院办公厅又专门下发文件,对加快构建现代公共文化服务体系做出了全面部署。

在"十二五"时期,慈溪市各级党政组织针对构建公共文化服务体系做了大量工作,取得了明显成效。但以新形势和高标准衡量,服务体系建设的基础还不够扎实,运行模式与形势发展已不相适应。当前,慈溪市"十三五"规划编制已经启动,如何在今后五年中更加注重文化强市建设,更快提升

此文由笔者与李小平先生合作完成,并以慈溪市委市政府决策咨询委员会的名义报送慈溪市委、市政府,主要内容是慈溪市政府关于"十三五"时期实施公共文化建设"五年行动计划"的建议。成文时间为 2015 年 8 月。

城市文化品质,更好地满足人民群众的精神文化需求,是慈溪现代化建设中亟须研究的一个重大课题。

本课题所指的公共文化服务体系,是指以政府为主导,以满足社会公共文化需求、保障公民基本文化权益为目的,向社会提供的公共文化设施、公共文化产品、公共文化服务以及运行管理系统和制度的总称。

一、过去几年慈溪市公共文化服务体系建设成效及问题分析

(一)既有成效

过去几年中,慈溪市委、市政府把构建公共文化服务体系摆上了重要位置。2013年慈溪市委做出了《关于加快建设文化强市、打造人文慈溪的决定》;2014年慈溪市政府出台了《关于打造慈溪市公共文化服务体系惠民工程的实施意见》。通过各级各部门,尤其是宣传、文体、文联、广电和报社等部门的积极努力,慈溪市公共文化服务体系建设已跨入浙江省首批公共文化服务体系示范区行列,取得如下五大主要成效:**一是文化设施更趋完善**。市、镇(街道)、村(社区)文化设施网络化格局初步形成。颇具现代气息的慈溪市体育场、慈溪市体育馆、慈溪市图书馆、慈溪画院、陈之佛艺术馆等已交付使用;慈溪大剧院、慈溪市群众文化活动中心、慈溪市科博中心等大型文化设施项目基本建成。各镇(街道)文化活动中心使用面积均在1 000平方米以上。325个行政村(社区)全面建成村落文化宫(文化活动中心),其中76个村还建成了文化礼堂,在浙江省内居领先水平。慈溪市建有农家书屋

297个,文化明珠企业104家,基层文化宣传阅览点500多个,健身路径689条,沿山健身步道80余公里。**二是文化活动更趋经常**。市、镇(街道)两级开始注重将文化活动纳入制度化、规范化轨道,并逐步形成了一批有影响的文化活动品牌,如全民读书月、青年歌手大奖赛、戏曲大奖赛、电视歌手大奖赛、金婚纪念照拍摄等活动,均在市民中产生一定影响。慈溪市每四年举办一次全民运动会,每三年举办一次艺术节,每两年举办一次越窑青瓷文化节,每年开展一次全民读书月活动。各镇(街道)和部分市级部门也定期举办各具特色的文化活动。**三是文化产品更趋丰富**。2011年开始由政府部门送文艺下乡,每年送文艺演出100余场、戏曲1 000余场、电影4 000余场。自设立文艺创作月季花奖以来,本土各类文艺人才创作热情持续高涨,前四年创作的获宁波市级以上荣誉的文艺作品共有1 309件。**四是文化队伍更趋壮大**。慈溪市文学艺术界联合会已在各镇(街道)组建基层分会18个,会员合计为1 700余人,其中省级会员185人,全国级会员66人,在县级市中名列前茅。已建慈溪市体育总会镇(街道)分会18个,市级单项体育专业协会20个。全市已培养社会体育指导员2 500余人,组建各种门类的文体队伍1 292支,共吸纳文体骨干2万余人。民间职业剧团已发展到34家。慈溪市青瓷瓯乐艺术团经常受邀参加国内重大文化活动,并3次走出国门表演,已成为慈溪市响当当的文化品牌。**五是服务机制更趋灵活**。市、镇(街道)两级均已建立公共文化服务中心,以公共文化服务网为依托,实现了文化产品配送双向选择。已设立企业图书流通站70个,慈溪市148个现代远程教育终端接收点已开始共享全国文化信息资源。在省内率先实施学校体育场馆委托第三方管理并向社会开放,目前已开放30所,每年进场锻炼市民已由2012年的12万人次增加到2014年的90万人次。此举被宁波市体育局誉为"慈溪模式",并向各县(市)区推广。此外,市场主体和社会组织参与公共文化建设已初步形成气候。

综上所述,慈溪市公共文化服务体系建设已有较好基础,在"十二五"时期有明显进步,尤其在阵地建设、队伍建设、人才培养和文艺创作等方面,在省内各县市中处于相对领先水平。同时,人民群众对本市文化的认同感也有所增强。

(二)存在问题

课题组在调研中发现,目前慈溪市公共文化建设也存在一些不足,包括下列5个矛盾。

其一,城市快速扩张而文化支撑不足的矛盾。进入新世纪后,慈溪市城市化发展进入加速期,到2014年末,城镇化率已达67%。城市建设在快速推进,而城市文化培育却明显滞后,"软件"与"硬件"没有同步发展,其后果已开始显现:**一是慈溪城市的文化特质正在弱化。**由于前些年大规模旧城拆迁改造,一些历史文化遗迹已消失,人们的地域文化记忆正在逐渐消散;众多地域特色文化资源,因缺少经费和人才而未加挖掘和开发,仍处于"沉睡"状态;所谓的围垦、移民、慈孝和徐福文化,因过于抽象无法让人们有切身体验;某些地域文化品牌如慈溪农民画、长河草编等正在日益衰落;艺术品收藏因散落于民间,尚未形成规模集聚效应;最能代表慈溪地域历史文化的是越窑青瓷,但其恢复性生产尚处于作坊阶段,影响力非常有限。**二是慈溪城市的文化形象趋于模糊**。由于传统地域特色文化趋于弱化,而新的城市文化培育又相对滞后,叫得响的城市特色文化品牌屈指可数,因此,人民心目中慈溪"商气浓而文气弱"的印象尚未改变,有些市民甚至提出了慈溪究竟有什么文化的疑问。本地人才不愿扎根家乡、外地人才不愿落户慈溪的现状,与城市文化吸引力不强有一定关系。**三是慈溪市民的文化理念尚待更新**。由于绝大多数城市社区缺乏必要的公共文化活动场所,难以有效开展文化活动,城镇居民日常精神文化生活比较单调,而一些营利性的低俗文化却盛行城乡。涌入城镇的新居民,因缺乏经常性的城市文化生活熏陶,虽进了城,但对新家园的归属感依然淡薄,他们的生活理念、生活习性、生活方式没有明显改变,市民化转型尚未完成。就目前现状分析,城市文化品质不高仍然是慈溪市品质之城建设中较为薄弱的"短板"之一。

其二,民众需求旺盛而供给明显不足的矛盾。随着物质生活条件的改善,慈溪市城乡居民对精神文化需求呈现多样化、个性化、高端化趋势。据调查,目前慈溪市群众较为旺盛的文化需求有旅游、健身、娱乐等;精英群体对艺术品创作、观赏和收藏已形成气候;老年群体知识更新的需求也非常强烈,市老年大学新生须半夜排队报名才有可能如愿;青少年群体参与各类艺术培训如火如荼。群众需求层次在不断提升,而文化产品供应却未能相应跟上,这导致供给与需求明显脱节。究其原因,**一是文化供给模式已不相适应**。群众对文化产品的需求是无限多样且经常变化的,而政府限于能力和职责不可能满足全部需求,只有通过政府、社会、市场的三者合作互动才能满足群众对文化产品的需求,而目前这种合作互动的机制尚未形成。**二是文化产品样式已不相适应。**目前,由政府向基层群众定期供应的公共文化产品主要有电影放映、戏曲表演、文艺演出等三种类型,内容老套,样式单一,无法满足群众多样性的文化需求,对此感兴趣的市民日益减少,电影放映的多数场次观众寥寥无几。**三是文化活动方式已不相适应。**列入制度化管理的群众性文体活动频率不高,而且"冷热不匀",每逢节日"热气腾腾",平常时节"冷冷清清";有些活动缺乏策划和创新,举办水平十几年延续"一贯制";众多文化活动不接"地气",地域特色不强,缺乏吸引力,群众参与面不广。

其三,设施投入增大而利用效率偏低的矛盾。目前,慈溪市公益性文化设施的配置水平在省内相对领先,但利用效率普遍低下。镇村两级公共文化设施的相当部分处于闲置状态。不少村落文化宫已移作他用,尤其是文化宫内的图书室,虽购有几千至上万册不等的图书,但大多只是"装门面"而已。导致这一现象的原因有3个:一是有些镇村建文化设施,为的是考核达标或取得奖励补助,至于建成后如何使用没有摆上位置;二是有些单位重硬件、轻软件,重建设、轻管理,也有的因缺少人才或经费等后续保障,难以组织开展文体活动;三是有些单位宁肯让文化设施闲置,也不愿引入市场机制进行社会化运行。

其四,民间资本充裕而参办文化较少的矛盾。慈溪民营经济非常发达，但民间资本参与文化产业的积极性不是很高，无论是投资兴办文化实体企业，还是冠名捐助公共文化活动，都尚处于初级阶段。据统计，目前慈溪市共有民营文化企业1 993家，绝大部分是"小儿科"，有影响力的文化品牌企业非常少。2014年慈溪市文化产业实现增加值61.39亿元，仅占当年全市地区生产总值的5.52%，其中90%以上由文化制造业提供，文化服务类和文化创意类占比极小。2013年市级专门设立了每年额度为1 000万元的文化产业专项扶持资金，次年又追加到1 600万元，而响应企业寥寥无几，实际平均每年使用不足300万元。

  其五，文化地位上升而保障力度趋弱的矛盾。在"五位一体"的现代化建设格局中，文化建设的地位已上升到前所未有的战略高度。这在客观上要求不断加大保障力度。但从调查情况看，慈溪市存在着文化地位上升而保障力度下降的逆向趋势。具体反映在：**一是组织保障趋弱**。近几年因财政收入增长乏力，上级下达硬任务多，文化建设在有些镇（街道）已出现边缘化倾向。另外，市级对各镇（街道）年度工作考核中，文化工作权重明显偏低，文化工作在嘉善县年度常规工作百分制考核中占17分，而在慈溪市只占3分，与其重要地位很不相称。**二是财力保障趋弱**。慈溪市于2008年设立了每年总额为3 000万元的文化发展专项资金。这在当时居省内领先水平，但8年后的今天，鄞州等县市年度文化发展专项资金已超过亿元，而慈溪市却由原来的3 000万元压缩为2 500万元。不少镇（街道）近年中因财力"吃紧"，用于文化的专项经费安排也明显减少。至于村（社区）一级，大多数没有文化专项经费安排,组织文体活动主要靠向社会或企业拉赞助。**三是人力保障趋弱**。镇(街道)文化站管理干部配备明显不足,而且调动频繁,仅 2014 年就有 7 个镇(街道)的站长换岗。上级要求配备村级文化专管员,在慈溪市至今仍未落实。镇、村两级文化线工作力量薄弱,导致文化工作"断线",难以实现上下联动。

(三)基本结论

调研组认为,慈溪市公共文化服务体系在运行中之所以暴露出 5 个矛盾,其根本症结在于现行的服务模式已明显落后于快速发展的时代节奏。现行模式形成于十几年前,其基本特点是由政府包办,行政色彩浓,开放性、主动性、包容性不强,缺少与市场主体和社会组织的合作互动,活力明显不足。而且现行模式一经形成一直处于相对静止和封闭状态,而十几年中形势在不断变化,尤其是私人汽车、互联网和智能手机的普及,使人们的生活观念和生活方式发生了重大改变。慈溪作为沿海发达和先富地区,在这方面的改变尤为显著。由此必然导致"老模式"与新形势不相适应甚至相互冲突,"老模式"中存在的"管办不分、保障不力、供需不合、手段不新、活力不足"等机制性缺陷,已严重制约了公共文化服务效能的有效发挥。由于上述原因,人民群众对公共文化服务的获得感和满意度仍然不高,民众文化权益的保障水平仍然偏低,进而也直接影响到城市文化品质的有效提升。鉴于此,必须对现行公共文化服务体系运行模式进行改革创新,加速转型升级,以适应形势发展的需要。

二、"十三五"时期构建新型公共文化服务体系的努力方向

党的十八大强调要扎实推进社会主义文化强国建设;中国共产党浙江省第十三次代表大会提出了"物质富裕、精神富有"的"双富"战略;中国共产党慈溪市第十三次代表大会确立了"打造品质之城、共建幸福家园"的奋斗目标。为抓好中央、省委及市委重要决策的贯彻落实,今后5年中,慈溪市有必要将构建现代公共文化服务体系作为文化强市建设的重中之重。

(一)工作基调

基于上述分析,"十三五"时期慈溪市构建公共文化服务体系的总基调应该是:坚持以社会主义核心价值观为引领,以满足人民群众精神文化需求和提升市民精神文化素养为核心,以文化品质与城市整体发展相匹配为目标,以传承弘扬本土优秀传统文化为重点,以"创新转型"为主攻点和总抓手,以构建政府+社会+市场+互联网的"四合一"新模式为落脚点,启动实施公共文化服务体系转型升级五年行动计划,并贯穿于整个"十三五"时期。通过实施五年行动计划,慈溪要成为县级公共文化服务的示范高地,力争跨入国家级现代公共文化服务示范区的行列,从而为"打造品质之城,共建幸福家园"打下扎实的人文基础。

(二)行动准则

为加速推进公共文化服务体系转型升级,鉴于文化发展的特有规律和以往的经验教训,在构建新模式中要遵循下列

5个原则:一是与时俱进、顺势而为的原则。顺应时代发展新趋势,从价值取向、管理理念、服务内容、服务载体、方法手段等方面,对原有运行模式进行全方位的改革创新,尤其要在引导社会力量广泛参与、提升市场化运行水平和借助互联网技术平台3个方面实现突破,从而使公共文化服务体系的活力和效能得到明显增强。**二是以人为本、面向群众的原则**。人类一切文化活动的根本宗旨是通过"化人"实现"人化",即满足人的精神需求,提升人的文化素养。因此,构建新模式必须立足于依靠群众、发动群众、扎根群众和服务群众,必须大力提升让人民群众参与文化、创造文化和享受文化的组织化水平,使公共文化服务体系的各个环节都与人民群众的需求密切相连。**三是立足基层、夯实基础的原则**。构建公共文化服务新模式,必须把着力点放在抓基层、基础建设上,尤其要高度重视阵地建设、制度建设、队伍建设、载体建设和人才培养,从而为构建高水准的公共文化服务体系打下扎实基础。**四是注重特色、打造品牌的原则**。坚持共性与个性相结合,注重打造公共文化服务"慈溪特色",注重营造地方特色文化品牌,注重文化服务项目接上地气,大力实施"一镇一品牌、一村一特色"文化工程,使地域特色文化成为城市符号,内聚人心、外树形象,以增强凝聚力和感召力。**五是科学管理、高效运行的原则**。将增强机制活力、提升服务效能作为构建新模式的核心环节,切实加强对公共文化设施和群众文化活动的管理,优化公共文化资源配置,发挥公共资源"四两拨千斤"的作用,实现公共文化服务的良性循环和可持续发展。

(三)转型目标

根据上述原则,通过实施"五年行动计划",要努力在以下5个方面实现公共文化服务体系的转型升级。**一是实现服务主体由包揽型向多元化转型**。政府对公共文化服务实行大包大揽的局面得以根本改变,基本形成政府规划主导、社会广泛参与、市场全面进入的合作互动新格局。**二是实现服务对象由精英型向大众化转型**。通过构建新模式,使人民大众的文化自觉全面唤醒,使广大市民参与文化活动的热情空前高涨,从而在全市上下形成人人参与文化、人人创造文化、人人享受文化的良好局面。到"十三五"期末,慈溪市常年参与各类文化活动的市民占常住人口的比例力争达到50%以上。**三是实现服务手段由传统型向现代化转型**。以便捷、高效、舒心为着眼点,主动适应"数字化"对传统公共文化服务带来的新挑战,推动公共文化服务技术现代化和服务模式现代化,优化内容生产,拓展服务空间,创新服务手段。期内,市、镇(街道)两级要形成一批有影响力和生命力的公共文化服务品牌。**四是实现服务产品由单一型向多样化转型**。兼顾不同社会群体的不同文化需求,提供形式多样、层次不同、丰富多彩的文化产品,尤其要在培植地域特色文化产品上实现重大突破,从而使广大市民的文化需求得到基本满足,使城市的文化个性更加鲜明。**五是实现服务机制由随意型向规范化转型**。强化公共文化服务的制度保障,将各类重大文体活动全面纳入制度化、规范化、程序化轨道,使之有"法"可依,有"章"可循,以破解阵地设施重建轻管、活动开展随意而行、队伍组织时冷时热、文体人才青黄不接等难题,以制度保障公共文化服务体系的高效运行。

三、实现公共文化服务体系转型升级的具体对策建议

创新运行模式,加速转型升级,打造高水准的现代公共文化服务体系,是"十三五"时期慈溪市文化强市建设中带有根本性的硬任务。课题组的对策建议有下列5项。

(一)强化和优化文化阵地

文化阵地建设要致力于"建、管、用"三者并重,并推动线下平台与线上平台有机融合。

其一,要致力于公共文化设施的基本完备。"十三五"期内,市、镇(街道)两级要按照省定文化强市、强镇的考核标准,实现公共文化设施网络基本完备。慈溪市要加快慈溪大剧院、慈溪市群众文化活动中心、慈溪市科博中心(慈溪市博物馆、慈溪市科技馆)等大型文化设施建设,尽快交付使用。积极创造条件,尽快启动建设市游泳馆和美术馆等重点文化项目。各镇(街道)要新建、改建一批公共文化服务设施,至"十三五"期末,文化强镇目标要实现全达标。逐步完善面向基层群众的小型文体设施布局。利用现有公共活动场地,在全市城乡建成一批小型笼式足球场。要恢复健全一些已移作他用的村落文化宫;各中心村要建成标准化的"百姓舞台";有条件的村要抓紧建设"文化礼堂",至"十三五"期末,全市村"文化礼堂"建成率力争达到60%。由市和街道共同出资,为每个缺乏公共文化活动场地的城市社区购置或租赁一套面积不少于200平方米的商品房,用作居民文化活动;各城市小区内处于闲置状态的文化用房,要通过排查予以充分利用；今后新建小区，都要严格按照国家有关规定，配套建设相应的文化体育设施。中心城区和建制镇要新建、改建一批地域特色文化主题公园。选择某个城市市民中心广场，建成一条慈溪籍"历史名人长廊"。与此同时，全市各级各类公立学校和其他事业单位的文体场所要逐步向社会开放。

其二，要致力于公共文化设施的规范管理。对各类重点公共文化设施的管理，都要严格做到人员落实、经费落实、制度落实、责任落实。要建立健全公共文化设施运行管理和服务标准体系，规范服务项目和服务流程，完善内部管理制度，不断提高服务水平。加大公益性文化事业单位改革力度，加快推进管办分离，进一步落实公益性文化事业单位法人自主权，增强其发展活力。探索建立公益性文化设施理事会管理制度，吸纳有关方面代表、专业人士和各界群众参与管理和监督。

其三，要致力于提升公共文化设施的使用效率。市级相关主管部门，对各自管理的公共文化设施，如慈溪市文化馆、慈溪市图书馆、慈溪市博物馆、慈溪市科技馆、陈之佛艺术馆、慈溪画院、慈溪市人民大会堂、慈溪市体育馆、慈溪市体育场、慈溪市青少年宫等，都要制定标准化服务目录及年度考核评估办法，每年年初制定年度公共文化活动安排表，并通过各种渠道向社会广而告之，以吸引群众广泛参与。市、镇（街道）两级公益性文化设施，凡具备条件的要探索"公有民营"的管理运营模式，实行委托管理和市场化运行，以培育市民文化消费意识，促进文化产业健康发展。

其四，要致力于拓展互联网公共文化服务空间。在互联网大数据时代,公共文化服务阵地建设,不仅要关注"线下",还要向"线上"空间拓展,抓紧建立公共数字文化服务体系。强化数字电视和"信息慈溪"服务功能,加快公共文化移动服务平台建设,抢占移动手机客户端,利用智能手机开辟"文化有约"服务项目,并积极上传输送符合市民个性化、多样化需求的各种文化信息资源,使广大市民利用网络平台更好地体验文化生活。

(二)强化和优化体系活力

构建公共文化服务新模式,核心环节在于增强其运行活力。

其一,建立健全上下联动持之以恒的活动机制。生命在于运动,文化要靠活动。各类文化活动都要在精心策划、反复实践、不断总结的基础上,建立起一整套科学规范的活动制度。由市、镇两级政府或社会团体组织并纳入制度化管理的综合性、专项性和特色性文体活动,要大幅度提升频率。市级除定期开展全民运动会、全市艺术节和青瓷文化节、全民读书月外,从明年开始,每年都要举行文艺汇演、非物质遗产展示、球棋类联赛、民间武术表演和市民有奖阅读等全市性文体活动。凡市级组织开展的各类文体活动,都要求各镇(街道)、市级有关部门和重点企业组队参加。参照市级做法,各镇(街道)和村(社区)、重点企业以及干部职工人数众多的市级部门,都要设置一批纳入制度化管理的群众性文体活动项目。在坚持上下联动的同时,还要积极拓展内外联动,广泛开展"文化走亲"活动,村际之间、镇际之间、部门之间、企业之间以及市县之间,要普遍实行文化"结对联姻"。

同时,要发挥慈溪作为长三角地区节点城市的区位优势,定期与周边城市联合开展区域性文化活动,举办力所能及的国际性体育赛事,以不断扩大对外影响。在此基础上,经过若干年努力,全市范围内要形成一批深入人心、影响广泛的文体活动品牌。

其二,建立健全社会力量广泛参与的互动机制。文化服务于社会,必须立足于依靠群众团体、社会组织和人民群众的共同参与。为此,全市各基层党组织和工会、共青团、妇女联合会等各大群众团体,都要将构建公共文化服务体系、组织群众开展形式多样的文体活动,作为自身重要职责。慈溪市文学艺术界联合会和慈溪市体育总会要将各类文体专业协会组织向各镇(街道)、市级部门和重点企业全面延伸。市级各大文体专业协会,每年都要组织一次以上全市性文体活动,各基层分会都要组队参加。同时,市、镇(街道)、村(社区)以及干部职工人数众多的市级部门和重点企业,都要普遍建立业余文体团队,如篮球队、足球队、排球队、象棋队、围棋队、乒乓球队、艺术团、舞蹈队、合唱团和书画社等。每个镇(街道)组建业余文体团队不少于 10 支,村(社区)不少于 5 支,市级重点企业不少于 3 支,团队组建和活动开展情况列入年度考核。对各级各类业余文体团队,实行"总分结合、上下联动"的管理模式,市级建立"艺术总团",各镇(街道)和市级相关部门建立"艺术分团",各村(社区)及重点企业建立"艺术支团",并纳入市镇两级文化部门的统一管理。为有效破解业余文体团队活动经费不足的难题,除政府和集体组织给予必要的补助外,还要发动当地有实力的企业实行冠名捐助或无偿赞助。发动社会力量参与文体活动,根本之策还在于激发广大民众的文化自觉和文化兴趣。为此,在全市城乡要培植和扶持一批由民间自发建立的球馆、棋馆、武馆、舞馆和书画院等培训类文体实体组织。

其三,建立健全市场主体全面进入的运营机制。要积极推动市场主体参与公共文化服务。抓紧编制切合慈溪实际的文化产业发展规划。调整优化文化产业扶助政策,加大激励力度,降低市场准入门槛,鼓励市场主体兴办文化实体企业。鉴于慈溪市服务类和创意类文化产业占比明显偏低的现状和工业实体企业正在寻求转型发展的有利时机,要向社会推出一批文化产业项目进行招商引资。对重点文化产业项目,要通过精心包装和积极公关,争取列入国家、浙江省和宁波市重点扶助项目。凡政府和集体组织兴建的各类文体设施,在确保满足公益性服务功能的前提下,原则上都要委托市场主体管理运行,以实现各类文体设施使用效率最大化。强化综合执法,规范文化企业的经营行为,促进文化市场健康发展。

其四,建立健全形式多样的政府奖励机制。市、镇两级政府对文化团队、文化人才和文化活动进行必要奖励,可以起到"四两拨千斤"的功效。如2000年慈溪市设立文艺创作月季花奖后,短短几年时间,就呈现出文艺人才成批涌现、文艺创作空前繁荣的可喜局面。鉴于此,市、镇两级政府要设置一批文体类政府奖励项目,如歌舞类、戏曲类、曲艺类的创作和表演奖,球类、棋类等的体育竞赛奖,实体企业公益赞助奖等。同时,要为文体类领军人物设置一批诸如"书画名家"

"体育明星"之类的社会荣誉称号,以政府名义颁发荣誉证章。对各镇(街道)和市级有关部门,要设立"文化服务创新奖",鼓励它们积极探索公共文化服务新路子。

(三)强化和优化服务效能

改进服务方式,提高服务效能,是构建公共文化服务新模式的关键环节和重中之重。

其一,创新公共文化服务管理协调机制。针对公共文化服务资源部门分割、条块分割、重复配置、低效运行的状况,要建立由慈溪市委宣传部牵头,以慈溪市文化和广电旅游体育局为运作主体,各有关部门共同参与的全市公共文化服务协调小组。为充分调动社会组织和市场实体参与公共文化建设的积极性,要抓紧建立政府与社会、市场的合作互动机制。为加强上下联动和业务联系,慈溪市文化馆要与各镇(街道)文化站建立定期联络制度,为每个镇(街道)确定一名文化工作联络员,主要履行业务指导、工作联络、人才培训和督促落实等职责。为实现公共文化服务上下联动,各村(社区)要普遍建立公共文化服务中心。以三级综合文化服务中心为纽带,在村(社区)实行公共文化服务网格化管理,并建立一支由文化骨干组成的文化网格管理员队伍。

其二,创新文化需求表达和公共文化服务评价反馈机制。公共文化产品的生产和供给都要坚持以需求为导向的原则。市、镇(街道)两级公共文化服务中心,要根据群众需求,及时调整优化文化产品"库存"结构,以提高供给的有效性和满意度。对政府配送文化服务要实行跟踪制度,重大文体活动要有质量满意度反馈单,将其作为政府考量采购绩效的重要依据。引入第三方机构,每年两次对公共文化服务总体满意度或单项满意度进行测评,测评结果作为今后改进服务工作的重要参考。

其三,创新公共文化产品生产和采购模式。在生产环节,要强化激励机制,鼓励本土各类文体团队和文化人才,积极参与群众喜闻乐见的文化产品的创作和生产。为提升本土文化人才的创作水平,要加强与外地高层次专业文体团队的合作,吸引他们来慈溪开辟一批采风、创作和培训基地。要利用闲置的文化设施,为在外的慈溪籍高层次文艺人才和签约的外地专业文艺人才设立一批创作室,吸引他们定期来慈溪交流和创作。在采购环节,要尽快建立公共文化服务采购平台,加快完善政府购买公共文化服务的实施细则,扩大政府采购的范围和数量。本地各类专业和业余文体团队、文体人才创作的文化产品,凡符合民众需求的均可纳入采购范围。同时,要按照政府补助、市场运作的方式,每年有计划地引入市外专业文体团队来慈溪演出和比赛。为鼓励市民参与文化消费,要分期分批向市民发放文化消费卡。

其四,创新公共文化传播手段。加强文化传播能力建设,加快构建现代文化传播体系,综合运用宽带互联网、移动互联网、广播电视网等各种技术平台,积极拓宽公共文化资源的传播渠道。与此同时,要创新运用行之有效的传统文化传播手段。一是为全面提升广大市民的综合文化素养,要积极创建学习型城市。大力推广桥头镇农民、少儿读书协会的经验,在全市范围内广泛扎实地开展全民读书活动。全民阅读是最有效的文化传播手段。为此,要推动全民阅读进家庭、进社区、进校园、进农村、进企业、进机关,设计各种载体,采用各种方法,充分激发各类群体尤其是广大党员干部和团员青年的阅读兴趣。在机关事业单位和党团基层组织中,要倡导建立党员干部和团员青年阅读兴趣小组,为广大市民率先垂范。为推进全民阅读,强化慈溪市图书馆镇级分馆建设,镇级图书资源由慈溪市图书馆统一调配,全面实行"一卡通",并以流动图书车的形式向村(社区)提供延伸服务。二是为凸显城市文化特质,增强广大市民的城市归属感和文化自信,要大力打造城市特色文化品牌。明显加大对地方特色历史文化遗产的研究、保护、传承和开发力度,抓紧实施地域特色文化研究工程,组织编撰并向市民发送一批乡土文化教材,培植一批本土非物质遗产文化传承基地和传承人才队伍,致力于将越窑青瓷、瓯乐艺术、民间绘画、民间收藏、横河剪纸、长河草编、天元古旧家私等有代表性的慈溪地域特色文化,在新的历史时期发扬光大。同时,要有计划地组织广大市民尤其是青少年学生,定期观摩博物馆、科技馆、非物质遗产馆、名人纪念馆以及各级文物保护单位。三是为满足民众对各类文化知识的渴求,各镇(街道)要利用现有文化设施,普遍建立面向基层群众的"文化讲堂",定期举行各类文化讲座。四是为满足广大老年人知识更新的要求,慈溪市老年大学各镇分校要逐步开设面对面的培训讲座等服务项目,其中周巷、观海卫、龙山、逍林等4个中心镇的老年大学分校要提档升级,以基本满足当地老年人接受终身教育的需求。五是为展示本土人才艺术才华和丰富群众文化生活,慈溪市广播电视台要开设慈溪版的"星光大道""艺术擂台"和市域文化系列讲座等综艺节目。

(四) 强化和优化人才队伍

构建公共文化服务新模式的目标能否实现,最终取决于人才队伍建设。为此,要切实加强4支队伍建设。

其一,加强文化管理者队伍建设。文化管理者队伍是公共文化服务体系的中流砥柱。目前慈溪市三级公共文化管理体系中,镇(街道)、村(社区)管理力量不足,是亟须重点攻克的薄弱环节。加强镇文化站干部力量配备,每镇(街道)原则上配备专职文化干部2～3人。由于文化管理岗位对业务素质有特殊要求,文化站缺编人员可以向社会公开招聘或向其他事业单位选调,服务年限最少5年。同时,为保持队伍稳定和工作连续性,对于镇(街道)文化站长的任用或调动,相关镇党委事先应征求慈溪市文化和广电旅游体育局意见。此外,要按照上级要求和外地经验,尽快建立村(社区)文化管理员队伍,到"十三五"期末,村(社区)文化管理员配备要力争实现全覆盖。

其二,加强文化引领者队伍建设。各类文体骨干人才是公共文化服务体系中的中坚力量。市、镇(街道)文化管理部门,都要高度重视本土业余和专业文化人才的培养和使用。建立健全文体人才培养机制。市级要设立业余艺校和业余体校,作为人才培养的"大本营"。经培训合格者,由主管部门统一颁发社会辅导员证书,并纳入市、镇两级文化人才数据库统一管理。要重视高层次文化人才的培养和引进。以政府资助的方式,鼓励有培养前途的本土文体人才苗子去专业艺术院校进修培训。积极鼓励市外高层次文体人才来慈溪发展,凡知名度高的重量级文化人才落户慈溪或在慈溪工作 5 年以上,可以受聘为市政府高级文化顾问或被授予"荣誉市民"称号,由政府给予有吸引力的物质奖励和经济补助。此外,还要积极扶植本土民间职业剧团,凡演艺水平高、深受群众欢迎的民间职业剧团,可以冠名"慈溪××剧团",并由政府每年以定额订购节目的方式予以扶持。今后 5 年中,冠"慈溪"之名的民间职业剧团争取达到 5 家以上。鼓励本市实力型企业冠名赞助或经营参加全国联赛的职业俱乐部,市政府给予一定的配套资助,以慈溪为主场,让广大市民可以经常在家门口观看国内最高水平的体育赛事。

其三,加强文化志愿者队伍建设。坚持奉献社会与自我发展相统一、社会倡导与自愿参与相结合,建立参与广泛、形式多样、机制灵活的文化志愿服务体系。市、镇两级和城市各社区要向社会公开招募一批文化志愿者,将辖区内有文艺特长和奉献精神的文体人才组织起来,定期开展读书辅导、文化讲座、文体表演等文体志愿服务。到"十三五"期末,慈溪市社会文体志愿者和社会辅导员总量力争突破 1 万人。对于表现突出者,政府授予其"文化志愿服务明星"称号,并给予一定的物质奖励。

其四,加强文化经营者队伍建设。慈溪市文化产业发展尚处于初级阶段,文化经营者队伍的总量和档次还不尽人意,尤其需要政府去组织发动与引导。要专门发动市内正在寻求转型发展的工业企业,鼓励它们进入文化产业领域,以不断壮大经营者队伍。抓紧建立文化产业经营者联合会,将文化企业界人士组织起来,定期开展培训交流、考察表彰等活动,密切政府部门和经营者以及经营者之间的相互联系,加大激励力度,促进产业链发展。与此同时,还要大力培植文化中介组织和文化策划人才。

(五)强化和优化保障机制

为加速推进公共文化服务体系转型升级,必须不断强化3方面的保障力度。

其一,强化组织保障。明显提升文化强市建设在全局发展中的地位。在整个"十三五"时期,要将构建公共文化服务新模式、全面提升城市文化品质作为一项事关慈溪全局长远发展的战略工程,列入市委、市政府重点工作范畴。主要领导要亲自过问、亲自抓,市级四套班子分管领导和市级各相关部门,要倾注主要精力予以重点突破。全市各级党政组织要积极响应,上下联动,扎实抓好"五年行动计划"各项任务的具体落实。建立由党政主要领导亲自挂帅、分管领导和市各有关部门主要负责同志共同参与的"五年行动计划"领导小组,主要履行方案审定、组织协调、资源保障、督促检查等职责。同时,为凸显文化强市建设在特殊阶段的特殊重要性,今后5年中,要明显加大市对各镇(街道)及市级相关部门文化工作的考核力度:提升文化工作在年度全局工作中的考核权重;将公共文化建设列入镇(街道)党政主要领导重点工作考核和领导干部述职内容。待行动方案和考核办法编制完成后,于2016年初由市委、市政府组织召开实施"五年行动计划"动员大会,以后5年中,每年召开总结表彰大会,以激励各级各部门努力争先创优。

其二,强化资源保障。市、镇、村三级要不断加大对公共文化建设的资源供给力度。市、镇(街道)两级每年用于公共文化建设的资金安排要确保与财政收入同步增长。到"十三五"期末,市财政年度文化专项资金和文化产业扶持资金要力求突破1亿元。各镇(街道)文化资金安排要列入年度财政预算,以强化刚性保障。对基本公共文化设施建设用地,要优先安排。为更好发挥公共资金的激励效应和使用效率,对现有文化政策体系进行修订完善,着眼于固本强基,重点向人才培养、人才引进、队伍建设、阵地建设、文化传播、制度化文体活动、重点文化产品生产和文化创意产业倾斜,进而将文化发展纳入政府主导、社会参与、市场运作的可持续发展轨道。

其三,强化舆论保障。公共文化服务体系建设旨在服务民众,最终成效取决于民众参与的广度和深度。为此,要动用各种舆论工具进行广泛动员和引导。要积极推进各种媒体的融合创新。广播、电视、平面媒体和网络平台,都要精心设计各种载体,开辟多种多样的文化类专题专栏。慈溪市电视台要增设文体频道,慈溪市广播电台要开设文体专题节目,《慈溪日报》的《文化周刊》要在内容样式上全面创新,并积极扩大发行量。通过各种媒体全方位的文化传播,让广大市民随时随地感受到强烈而温馨的文化气息,唤醒内在的文化自觉,激发参与文化活动的热情,进而为"五年行动计划"的全面落实打下坚实的社会思想基础。

附件

公共文化服务体系建设五年行动计划建议要点

一、强化和优化文化阵地

1. 市、镇(街道)两级要按照省定文化强市、强镇的考核标准,实现公共文化设施网络基本完备。

2. 慈溪市要加快慈溪大剧院、慈溪市群众文化活动中心、慈溪市科博中心(慈溪市博物馆,慈溪市科技馆)等大型文化设施建设,尽快交付使用。

3. 积极创造条件,尽快启动建设慈溪市游泳馆和美术馆等重点文化项目。

4. 各镇(街道)要新建、改建一批公共文化服务设施,"十三五"期内,文化强镇目标要实现全达标。

5. 利用现有公共活动场地在全市城乡建成一批小型笼式足球场。

6. 要恢复健全一些已移作他用的村落文化宫;各中心村要建成标准化的"百姓舞台";有条件的村要抓紧建设"文化礼堂","十三五"期末,全市村级"文化礼堂"建成率力争达到60%。

7. 由市和街道共同出资,为每个缺乏公共文化活动场地的城市社区购置或租赁一套面积不少于200平方米的商品房,用作居民文化活动;各城市小区内处于闲置状态的文化用房,要通过排查予以充分利用;今后新建小区,都要严格按照国家有关规定,配套建设相应的文化体育设施。

8. 中心城区和各建制镇要新建、改建一批地域特色文化主题公园。

9. 选择某个城市市民中心广场,建成一条慈溪籍"历史名人长廊"。

10. 全市各级各类公立学校和其他事业单位的文体场所,要逐步向社会开放。

11. 对各类重点公共文化设施的管理,都要严格做到人员落实、经费落实、制度落实、责任落实。

12. 要建立健全公共文化设施运行管理和服务标准体系,规范服务项目和服务流程,完善内部管理制度,不断提高服务水平。

13. 进一步落实公益性文化事业单位法人自主权。

14. 探索建立公益性文化设施理事会管理制度。

15. 市级相关主管部门,对各自管理的公共文化设施,都要制定标准化服务目录及年度考核评估办法。

16. 各类重点公共文化设施管理使用单位,都要在每年年初制定年度公共文化活动安排表,并通过各种渠道向社会广而告之。

17. 市、镇(街道)两级公益性文化设施,凡是具备条件的要探索"公有民营"的管理运营模式,实行委托管理和市场化运行。

18. 抓紧建立公共数字文化服务体系。强化数字电视和"信息慈溪"服务功能,加快公共文化移动服务平台建设,抢占移动手机客户端,利用智能手机开辟"文化有约"服务项目。

二、强化和优化体系活力

19. 各类文化活动都要建立起一整套科学规范的活动制度。

20. 由市、镇两级政府或社会团体组织并纳入制度化管理的综合性、专项性和特色性文体活动,要大幅度提升频率。

21. 每年都要举行文艺汇演、非物质遗产展示、球棋类联赛、民间武术表演和市民有奖阅读等全市性文体活动。凡市级组织开展的各类文体活动,都要求各镇(街道)、市级有关部门和重点企业组队参加。

22. 各镇(街道)和村(社区)、重点企业以及干部职工人数众多的市级部门,都要设置一批纳入制度化管理的群众性文体活动项目。

23. 广泛开展"文化走亲"活动,村际之间、镇际之间、部门之间、企业之间以及市县之间,要普遍实行文化"结对联姻"。

24. 要发挥慈溪作为长三角地区节点城市的区位优势,定期与周边城市联合开展区域性文化活动,举办力所能及的国际性体育赛事。

25. 全市范围内要形成一批深入人心、影响广泛的文体活动品牌。

26. 全市各基层党组织和工会、共青团、妇女联合会等各大群众团体,都要将构建公共文化服务体系、组织群众开展形式多样的文体活动,作为自身重要职责。

27. 慈溪市文学艺术界联合会和慈溪市体育总会要将各类文体专业协会组织向各镇(街道)、市级部门和重点企业全面延伸。

28. 市级各大文体专业协会,每年都要组织一次以上全市性文体活动,各基层分会都要组队参加。

29. 市、镇(街道)和村(社区)以及干部职工人数众多的市级部门和重点企业,都要普遍建立业余文体团队。每个镇(街道)组建业余文体团队不少于10支,村(社区)不少于5支,市级重点企业不少于3支,团队组建和活动开展情况列入年度考核。

30. 对各级各类业余文体团队,实行"总分结合、上下联动"的管理模式,市级建立"艺术总团",各镇(街道)和市级相关部门建立"艺术分团",各村(社区)及重点企业建立"艺术支团",并纳入市、镇两级文化部门的统一管理。

31. 对制度健全、运行规范的业余文体团队,除政府和集体组织给予必要的补助外,还要发动当地有实力的企业实行冠名捐助或无偿赞助。

32. 在全市城乡要培植和扶持一批由民间自发建立的球馆、棋馆、武馆、舞馆和书画院等培训类文体实体组织。

33. 抓紧编制切合慈溪实际的文化产业发展规划。调整优化文化产业扶助政策,鼓励市场主体兴办文化实体企业。

34. 要向社会推出一批文化产业项目进行招商引资。

35. 对重点文化产业项目,要通过精心包装和积极公关,争取列入国家、浙江省和宁波市的重点扶助项目。

36. 强化综合执法,规范文化企业的经营行为,促进文化市场健康发展。

37. 市、镇两级政府要设置一批文体类政府奖励项目,为文体类领军人物设置一批社会荣誉称号。

38. 对各镇(街道)和市级有关部门,要设立"文化服务创新奖"。

三、强化和优化服务效能

39. 要建立由慈溪市委宣传部牵头,以慈溪市文化和广电旅游体育局为运作主体,各有关部门共同参与的全市公共文化服务协调小组。建立政府与社会、市场合作互动机制。

40. 慈溪市文化馆要与各镇(街道)文化站建立定期联络制度,为每个镇(街道)文化站确定一名文化工作联络员。

41. 各村(社区)要普遍建立公共文化服务中心,实行公共文化服务网格化管理,并建立一支由文化骨干组成的文化网格管理员队伍。

42. 市、镇(街道)两级公共文化服务中心,根据群众需求,及时调整优化文化产品的"库存"结构。

43. 对政府配送文化服务要实行跟踪制度,重大文体活动要有质量满意度反馈单;引入第三方机构,对公共文化服务总体满意度或单项满意度进行测评,测评结果作为今后改进服务工作的重要参考。

44. 要强化激励机制,鼓励本土各类文体团队和文化人才,积极参与群众喜闻乐见的文化产品的创作和生产。

45. 要加强与外地高层次专业文体团队的合作,吸引他们来慈溪开辟一批采风、创作和培训基地。

46. 要利用闲置的文化设施,为在外的慈溪籍高层次文艺人才和签约的外地专业文艺人才设立一批创作室,吸引他们定期来慈溪交流和创作。

47. 要尽快建立公共文化服务采购平台,加快完善政府购买公共文化服务的实施细则。

48. 要按照政府补助、市场运作的方式,每年有计划地引入市外专业文体团队来慈溪演出和比赛。

49. 为鼓励市民参与文化消费,要分期分批向市民发放文化消费卡。

50. 加快构建现代文化传播体系,综合运用宽带互联网、移动互联网、广播电视网等各种技术平台,积极拓宽公共文化资源的传播渠道。

51. 积极创建学习型城市,扎实开展全民读书活动,推动全民阅读进家庭、进社区、进校园、进农村、进企业、进机关;在机关事业单位和党团基层组织中,要倡导建立党员干部和团员青年阅读兴趣小组。

52. 强化慈溪市图书馆镇级分馆建设,镇级图书资源由慈溪市图书馆统一调配,全面实行"一卡通",并以流动图书车的形式向村(社区)提供延伸服务。

53. 抓紧实施地域特色文化研究工程,组织编撰并向市民发送一批乡土文化教材。

54. 培植一批本土非物质遗产文化传承基地和传承人才队伍;致力于将越窑青瓷、瓯乐艺术、民间绘画、民间收藏、横河剪纸、长河草编、天元古旧家私等有代表性的慈溪地域特色文化发扬光大。

55. 有计划地组织广大市民尤其是青少年学生,定期观摩博物馆、科技馆、非物质遗产馆、名人纪念馆以及各级文物保护单位。

56. 各镇(街道)要利用现有文化设施,普遍建立面向基层群众的"文化讲堂",定期举行各类文化讲座。

57. 慈溪市老年大学各镇分校要逐步开设面对面的培训讲座等服务项目,其中周巷、观海卫、龙山、逍林等 4 个中心镇的老年大学分校要提档升级,以基本满足当地老年人接受终身教育的需求。

58. 慈溪市广播电视台要开设慈溪版的"星光大道""艺术擂台"和市域文化系列讲座等综艺节目。

四、强化和优化人才队伍

59. 加强镇文化站干部力量配备,每镇(街道)原则上配备专职文化干部 2~3 人。

60. 文化站缺编人员可以向社会公开招聘或向其他事业单位选调,服务年限最少 5 年。

61. 对于镇(街道)文化站长的任用或调动,相关镇党委应事先征求慈溪市文化和广电旅游体育局意见。

62. 尽快建立村(社区)文化管理员队伍,至"十三五"期末,村(社区)文化管理员配备要力争实现全覆盖。

63. 市级要设立业余艺校和业余体校,作为人才培养的"大本营"。经培训合格者,由慈溪市文化广电旅游局和慈溪市文学艺术界联合会统一颁发社会辅导员证书,并纳入市镇两级文化人才数据库统一管理。

64. 要重视高层次专业文化人才的培养和引进。

65. 积极鼓励市外高层次文体人才来慈溪发展,凡知名度高的重量级文化人才落户慈溪或在慈溪工作5年以上,可以受聘为市政府高级文化顾问或被授予"荣誉市民"称号,由政府给予有吸引力的物质奖励和经济补助。

66. 要积极扶植本土民间职业剧团,凡演艺水平高、深受群众欢迎的民间职业剧团,可以冠名"慈溪××剧团",并由政府每年以定额订购节目的方式予以扶持。

67. 鼓励本市实力型企业冠名赞助或经营参加全国联赛的职业俱乐部。

68. 市、镇两级和城市各社区要向社会公开招募一批文化志愿者,定期开展读书辅导、文化讲座、文体表演等文体志愿服务。到"十三五"期末,慈溪市社会文体志愿者和社会辅导员总量力争突破1万人。

69. 要专门发动市内正在寻求转型发展的工业企业,鼓励它们进入文化产业领域。

70. 抓紧建立文化产业经营者联合会。

71. 要大力培植文化中介组织和文化策划人才。

五、强化和优化保障机制

72. 要将构建公共文化服务新模式、全面提升城市文化品质作为一项事关慈溪全局长远发展的战略工程,列入市委、市政府重点工作范畴。

73. 建立由党政主要领导亲自挂帅,分管领导和市各有关部门主要负责同志共同参与的"五年行动计划"领导小组。

74. 要明显加大市对各镇(街道)及市级相关部门文化工作的考核力度:提升文化工作在年度全局工作中的考核权重;将公共文化建设列入镇(街道)党政主要领导重点工作考核和领导干部述职内容。

75. 2016年初由市委、市政府组织召开实施"五年行动计划"动员大会,以后5年中,每年召开总结表彰大会,以激励各级各部门努力争先创优。

76. 市、镇(街道)两级每年用于公共文化建设的资金安排要确保与财政收入同步增长。到"十三五"期末,市财政年度文化专项资金和文化产业扶持资金要力求突破1亿元。

77. 各镇(街道)文化资金安排要列入年度财政预算。

78. 对基本公共文化设施建设用地,要优先安排。

79. 对现有文化政策体系进行修订完善,重点向人才培养、人才引进、队伍建设、阵地建设、文化传播、制度化文体活动、重点文化产品生产和文化创意产业倾斜。

80. 积极推进各种媒体的融合创新。广播、电视、平面媒体和网络平台,都要精心设计各种载体,开辟多种多样的文化类专题专栏。慈溪市电视台要增设文体频道,慈溪市广播电台要开设文体专题节目,《慈溪日报》的《文体周刊》要在内容和形式上全面创新,并扩大发行量。

后　记

　　我于2015年1月正式退休,刚开始还参与一些市委、市政府决策咨询委的工作,三年后退出,人生就此开始处于闲置状态,整日无所事事,轻松而又自然,自觉挺惬意的。然而一段时间过去后,渐渐感觉内心空荡荡的,只能通过参与大众化娱乐活动来排解心绪,但终究不能"解渴",眼睁睁看着生命时光悄然流逝,空虚和无聊的感觉会随时袭上心头。这种不良情绪在退休四年后才得以化解,动因是宁波前湾新区的建立。

　　慈溪西北部即将建立前湾新区的消息一经公布,宁波大学科技学院便会同慈溪市环杭州湾创新中心,第一时间建立了我国首个湾区经济研究院,作为地方人士代表,我滥竽充数被聘为特约研究员。出于责任驱使,我开始了长达数年的对湾区经济尤其是前湾新区的关注。

　　当我着手开展这项工作时,曾有多位朋友劝我:"你都退休多年了,还去管这些闲账干什么?"每当有人劝时,我都默不作声,无言以对,但内心是有答案的——这不是"闲账",而是吾辈之人的一种天然使命;这种事应该做,值得做,只有做了才能心安理得。作为一个曾拥有干部身份的人,如果退休后身体条件允许,继续帮组织做一些力所能及的事情,那既是一种义不容辞的责任,更是一种幸运,因为做自己想做的事情并做得使自己满意,那便是幸福。

回顾这一段生命历程,时间跨度不足5年,虽付出了一些心血,但做了自己想做的事,收获超出了预期,而且内心又有了新的感悟:人活着选择做有意义的事当是人生之题中之义;一个人饱食终日、无所事事,他的生命时光其实是不太好过的;人退休了选择合乎自己心意的事情去做,照样可以活得不亦乐乎!

本书得以编辑出版,自然少不了有关方面和热心人士的配合与支持。首先要特别感谢的是李小平先生。他是重庆人,富有情怀且颇具才气,20年前考入慈溪市公务员队伍,曾长期在基层工作,10年前调入市委市政府决策咨询委员会,成为我的同事和朋友。其间他一直参与我主持的各类文稿的起草工作,主要负责数据查询和文稿打印,长期以来默默无闻,埋头苦干,付出了远超常人的心血和汗水。每当想起他的工作神态和热情,我的内心总是充满了感激之情。宁波大学科技学院将本书列为年度出版资助项目;该院院长陈君静先生以及宁波大学湾区研究院首任院长敖丽红教授对本书的编排及出版给予了热忱关心和指导。此外,我市老干部代表龚建长、黄柏寿、吴武忠、张建人等人以及沈建国、黄学舜、杨利登、冯昭辉、袁宏捷、罗立峰、丁方云和胡志浩等多位师友,对本书的编辑出版提出了不少宝贵意见,给予了无私帮助。尤其让我感动的是,本书成书之际,恰逢本人身遭大劫。住院治疗期间,慈溪人民医院及慈溪中医院的多位领导和多科室的有关医务人员,身怀仁心,精心救治,为我身心康复提供了一流的医疗服务和休息环境;与此同时,多位领导、友人和慈溪老干部局的同志,多次上门探望和鼓励,给了我战胜病魔和完成使命的信心和勇气。在此,请允许我一并向他们表示由衷感谢!

静 元

2023 年 3 月